紫微斗數
算你好工作

斗系×就業×職場通通選對！　　作者——輔德陸

強烈建議高中生、新鮮人、老菜鳥、小主管讀這本書！

本書使用說明

Step 1・列印自己的命盤（參考下列步驟）：

1. 前往「紫微師範學院」官方網站 http://www.ziweischool.com.tw
2. 點選「資料連結」→再選「紫微命盤下載」
3. 輸入姓名、性別、生日（年、月、日、時）和選擇農、陽曆，並按下確定。
4. 出現自己的紫微斗數命盤。

Step 2・尋找命盤上的「命宮」，就能知道自己的個性優勢、本命工作及職場祕技。

姓名	張小明		自 2002-03-28 起, 共有 2149207 人到訪	
性別	☐ 女 ☑ 男		☑ 農曆 ☐ 陽曆	☐ 閏月
生日	80 (西元 1991) ▼ 年 1 ▼ 月 1 ▼ 日 11 午 ▼ 時 1 ▼ 分			ⓐ確定

1. 找到**主星**（從 14 主星認識自己的外顯個性，找到興趣方向）
2. 找到**地支**（從 12 地支挖掘內在真實的自己，未開發的潛在能力）
3. 找到**星象**（告訴你最具優勢的特點、速配的科系及工作）
4. 找到**輔星**（增加何種職場才藝讓您變成無可取代的搶手貨）

星象
命宮　輔星　　主星

地天破武 劫空軍曲 36-45　　癸 【子女】　巳	天太 魁陽 26-35　　甲 【夫妻】　午	天 府 16-25　　乙 【兄弟】　未	陀太天 羅陰機 6-15　　丙 【命/身】　申 ──地支
鈴左文天 星輔昌同 46-55　　壬 【財帛】　辰	姓名：張小明 性別：陰男　生肖：羊　西元 1991 年 農曆 80 年　　1 月 1 日午時 國曆 80 年　　2 月 15 日 11 時 1 分		祿貪紫 存狼微 116-125　　丁 【父母】　酉
火 星 56-65　　辛 【疾厄】　卯	命局：火六局 四化：○巨門化祿○太陽化權 　　　○文曲化科○文昌化忌		擎右文巨 羊弼曲門 106-115　　戊 【福德】　戌
天 鉞 66-75　　庚 【遷移】　寅	七廉 殺貞 76-85　　辛 【僕役】　丑	天 梁 86-95　　庚 【官祿】　子	天 相 96-105　　己 【田宅】　亥

☆恭喜您邁向成為職場搶手貨的第一步，掌握職業命、獲得夢想工作！

前。言

自古以來，朝廷政府、皇親貴族及達官顯貴將命理學術奉爲秘笈。皇帝私擁欽天監，將它用於管理國家朝政，以及作爲控制平民思想的工具，便於以天治官，以地治民，於是命理學術文盲於焉產生，造成天機不可洩漏、否則必遭天譴的謬言出現，平民百姓陷入宿命觀念，遵循皇帝倡導的政策生活，使得命理學術越傳越神秘。

坊間命理的書籍眾多，從古籍、現代解析到一些現代自創理論的書籍琳瑯滿目，筆者雖然欣慰這中國傳統的學術能保留傳承下來，但也深深體會到要使紫微斗數得以廣泛地流傳及幫助眾人，首先必須要有一本淺顯易懂的書籍問世，讓民眾不再產生疑竇，進而願意去親近紫微斗數。

這使筆者燃起寫書的想法，本書歷經數次的修改後而定案，筆者想要交給讀者的是簡單易懂的論命方法，而不是艱澀的學問。

星雲法師曾說過：「講得困難很簡單，講得簡單卻很困難」。紫微斗數就如同佛法一般，如何讓大眾輕易地了解經文的內涵，是一份艱辛的工作。

　　一門好的學問怎可讓它隨著時間的流逝而消失，更遑論它能幫助我們的生活呢？筆者將紫微斗數複雜的學術簡單化，運用邏輯思考的方式循序漸進地學習，進入紫微斗數的世界後，再去體驗、意會它，自然就如行雲流水般的掌握自如了。好比我們蓋房子一般，有了穩固的地基，要再往上延伸就不是一個大工程了。

輔德陸老師 課程、講座、活動之剪影

　　「紫微師範學院」是以「紫微斗數」專業知識傳授為中心思想，做到純正、單一、深入的教學，且以培育專業師資為目標，為大中華區培植國際一流水準的命理從業人員，使命理產業能在華人經濟圈奠定優勢的品牌符號，成為傳統國學文化之特色。

　　我們有完整的教材，SOP 教學流程，從幫助自己、學習、培養第二專長到就業，一整系列的經營模式，讓我們創造出每年約 5000 人次的學習人口，因此可以不間斷的培育出優秀講師在「紫微師範學院」授課。

　　紫微師範學院除了開辦「紫微好好玩」課程，亦設立培育專業師資的「師資養成班」，使有心想要從事這個行業的人能夠在完整的系統中學習、精進及就業。

★上課實況

★企業演講、活動講座實況

★電視節目錄影實況

★北京、上海、無錫地區上課及講座實況

★結業生合照

推薦序一

　　輔院長從事紫微斗數教學，門生眾多，各行各業，桃李滿天下。他將紫微斗數的教學方法生活化，讓每位學員在輕鬆、愉快的學習氣氛中了解，並學懂紫微斗數各星在每個人的命盤上所代表的意義。

　　輔院長復以其人生寶貴的經驗談中，教大家如何從命盤各星的配置上，及每個星性的不同了解自己在工作上的人格特質，讓自己能知道哪種行業最適合你，以及哪些工作不適宜從事而避之，告知你專長的領域與適合的職業。

　　如今輔院長應大家的要求，完成了這本大作，相信大家閱讀之後，會更了解「原來紫微斗數這麼好用」，有了這本書，好似我們生活中又多了一位軍師，隨時協助我們，使生活、職場更充實、更圓滿。尤其對於要參加大學考試選擇科系的同學們，相信會有很大的幫助及參考價值。

　　本人很敬佩輔院長對紫微斗數的教學奉獻，並祝福關愛本書的先進前輩及讀者們。

前行政院莫拉克颱風重建委員會處長

陳茂本

推薦序二

　　談到紫微斗數，不得不提及經書之首「易經」，易經是中國文化的道統，可用「道」字來詮釋，就是以一陰一陽的交替互補，遵照大自然的規律運行不已。易有太極，是生兩儀，兩儀就是陰陽，陰陽來自太極，極在說文是指最高點，太極顯然就是比最高的地方還高，在最早的一本天文曆法書「周髀算經」中有詮釋：將極定義為三萬一千九百二十年，到了此年，就是生數皆終，萬物復始，太極就是使得宇宙能不斷循環下去，生命得從終而復始的概念。太極圖是一個中空的圓，如環無端，體現太極的涵義。今天我們所看到陰陽魚的圖是兩儀圖，或太極陰陽圖；這樣看似簡單的圖，卻是人類生命的起源。兩儀延伸四象、八卦、至周易上、下經六十四卦；六爻占卜之難度極高，變卦每卦從無變爻起，至六爻皆變，共有 $64 \times 64 = 4,096$ 種，以月計，$12 \times 4,096 = 49,152$ 種，以天干地支循環配用有 720 種，$720 \times 49,152 = 35,389,440$ 種，以此類推，加年支太歲與占卜分類等粗略估計可能組成的變化高達九千億種以上，遠遠超過了人類所能應用的上限。可以想見，六爻判斷的難度遠高於紫微。因此，就數、理、象的複雜度與邏輯，如果說易經是本體論，紫微斗數就是

方法論，其因果關係顯而易見。之所以略述這段，是希望讀者知道紫微斗數絕對不是江湖術士之道，而是具體呈現中國古人經驗智慧及傳統文化精髓的一門學問，它是科學的，不是迷信的，值得我們深入探索。

　　人不論有沒有信仰，都曾祈禱上天能夠幫助你成就功名、財富、健康等等，資訊告訴我們先天所屬的十二生肖及西洋星座都決定了性格，在需要時求助卜卦或斗數指點，跟迷信是扯不上關係的，當你打開這本書，表示你對仕途決擇希望獲得指點，那麼你選擇正確，因爲紫微斗數的推命技巧十分細膩，所運用之數理相當深妙，能得精髓者不易。輔老師針對選擇科系與職場，縮小範圍深入淺出、避開艱澀，闡述斗數的基本概念，明白點出所在命宮星性特質，使讀者易於得到所期待的答案；但是，最重要是要的還建立自信與努力不懈，必定會達到目標。

前國安局副局長、前國安會諮詢委員

王偉先

推薦序三

這是一個大時代，是最好的，同樣也是最壞的！

在人生的長河中，我們難免會疑惑地問自己：我有什麼？我是什麼？我要什麼？上善若水、順勢而為，是人生至理，古今皆然，懂得自己命中的趨勢，進而順勢、再而造勢，無疑是上述一連串問號的標準答案。

我與輔老師相識於偶然，論交於知心，深知大師風範，學養兼修幾臻化境，今日何其有幸，能為大師新近著作參贊數詞，不勝幸甚之至，是為之序。

定鼎牙醫診所院長

推薦序四

　　性格決定命運，如果你繼續保持你的性格，那就難以拒絕你的命運，生命中最難的階段不是沒有人懂你，而是你不懂你自己！

　　紫微斗數正如自己的人生劇本，當你開始帶著好奇心去探索自己劇本的時候，生命的奧秘就會無條件地向你展開，不僅能夠深入直觀瞭解自己，並能學習到如何跳脫宿命，發揮優勢，趨吉避凶，寬容行善，助己助人，活出更優於過去的自己！

　　感恩智慧的紫微斗數先輩——陳搏老祖，感恩平凡且樸實的輔德陸院長，以紫微的厚德接納尊重每一位到來的生命，以平凡影響著每一位不平凡且獨特的生命！

～ 2014 年 1 月 12 日於北京

雍和百納（北京）文化藝術有限公司
紫微師範學院海外推廣教育中心負責人

輔德木蘭

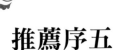

推薦序五

　　從事教育工作多年來，經常面對學生們在類組選讀時的徬徨，甚至大學學測或指考後，對於如何選填校系，在家長與孩子之間產生衝突、矛盾，在在都使得身為師長的我們感到憂心與困擾，到底哪一類組、哪一校系，才是對孩子的未來最適當、最好的呢？

　　偶然間與輔德陸老師相識，自己從半知半解的紫微斗數中受到輔老師深入淺出的簡介，有時不免與輔老師討論到如何幫助學生，恰巧輔老師寫了這本書。書中介紹紫微斗數在現代社會上的實用性，提供讀者對十四主星先有簡單明白的基礎認識（古籍解釋＋現代意義），並提供主星特質所對應的職業類別（適合工作行業），並在最後加上輔老師的經驗解說（輔老師經驗談），以及該主星在職場上容易面臨的問題與解決方式。依照每位學生的紫微斗數星座特性，配合個人興趣並參考各學群發展趨勢來選擇就讀的大學科系，未來更進一步成為就業方向，這才不至於浪費人才，甚至因無法學以致用導致年輕人不願進入職場貢獻所學，而成為家庭與社會的隱憂。

　　很高興有這樣一本書，為面臨抉擇的學生與家長們提供老祖宗的智慧，作為選組、選學系的參考，能提供給大家一些實際的選擇參考依據。配合時代演進，經濟發展，選擇最適當、最能發揮才能的路線，這是此書極大的功德。

台北市成功高中教務主任

游經祥

名人推薦序

俗話說「個性決定命運」，但個性從何而來？會將我們帶往何處？紫微斗數的智慧，內含每個人性格的組成及人生的方向，教你了解自己，進而超越自己！輔老師的教學，深入淺出，易學易懂，讓一門古老的科學活了起來，運用在現代生活中，成為最實際的人生寶典！

資深音樂人　丁曉雯

「紫微斗數的精髓之一是了解自己，進而幫助別人。」讓我一頭栽進紫微斗數的是輔德陸老師，我相當榮幸能成為輔德陸老師的學生。多年的採訪經驗，真實體驗到若能提早掌握人生的方向，時時刻刻修正自己，便不會在尋找或摸索上，用掉太多回想起來會覺得心疼的寶貴時間。「會執著地尋找什麼」或許只是不夠了解自己的一種本能反應。這本書獻給正在找尋、探索自己的每個人，願你們可以幫助自己和親友找到人生的新

方向。

民視體育新聞主播　王人瑞

　　輔德陸老師是一位充滿愛心又非常專業的紫微斗數大師，我以前喜歡研究命盤，買了許多本紫微斗數的書籍，加上許多請益，卻還是無法讓我明白，直到跟著輔老師才學習了短短的五個月，就讓我懂以前如何學習還是不懂的命盤，近期知道輔老師要將自己幾十年的功力寫成一本讓任何人都懂的紫微斗數解析，真是大家的福氣。

資深台語歌手　小辣椒

　　哇噻！原來紫微斗數這麼好玩、這麼好用！我的未來不是夢！

秀場女王　上官明莉

　　你對人生有許多的「？」號嗎？認識紫微斗數，學習紫微斗數，讓你的世界更加開闊！

走馬燈歌后　邱蘭芬

　　經由輔德陸老師認識了紫微斗數，我已不是一隻迷途的羔羊，對自己的人生有正確的觀念與方向。

低音歌后　梁碧蘭

目・錄

紫微斗數算你好工作

紫微斗數算你好工作

自。序

　　歷經了十多年來的教學，深感學生以及讀者所需要的紫微斗數資訊是更細膩且生活化的，很感恩學生參與紫微斗數的課程，對我而言也是教學相長。不但讓我對於紫微斗數有更深入細膩的經驗跟心得，最近幾年在同學們以及眾多讀者的簇擁之下，我常常思考要如何可以撰述一本很細膩簡單也很重要的學習內容，讓讀者可以自己翻書就能實際活用紫微斗數。近期我忙碌於兩岸三地的演講、從教學到解盤，讓我了解人生半百之前有更多必須關心的題目，其中科系及工作的抉擇就是一件非常重要的人生大事。藉由紫微斗數的基本理論，可以幫助所有讀者、學生很容易、輕鬆地尋找到確定的科系以及職業。我希望可以幫助父母培養子女的天分以及學習能力，也可以幫助年輕人在三十而立前能累積工作的學經歷，為夢想打好地基；在三十而立之後，更可堅定他的信念和理想；對於半百左右的讀者，則可在與穩定中完成自己的生涯規劃以及退休生活，所以希望不管是讀者或者是學生，我很歡迎你們參加紫微斗數輔德陸家族，成為其中一員，更希望大家可以幫助筆者推廣以及傳承有趣又貼心的紫微斗數。

輔德陸

導。讀

選擇適當的工作是人生必須面臨的課題，甚至將年齡層往前推，若能在高中畢業選填大學志願時就能找到適合自己的科系，那更能從早開始培養專業技能。

筆者學習紫微斗數開班授課以來，幫忙過各式各樣職場的命主論命，也與這些命主的互動當中，了解他們在職場上擔任的角色以及面對的處境，結合命盤上的星性反覆應證後，逐漸了解到每個不同星性在工作上的人格特質，擺在不同工作崗位將會有不同的成就。

筆者以自己學習紫微斗數數十年來的經驗，結合本身面對數千位命主的論命經驗，整理出這本針對科系與工作選擇的命理書，若先前沒學習過紫微斗數也不須擔心，本書也適合完全沒有紫微斗數基礎的讀者閱讀，只需先在網路或軟體上找到自己的命盤，打開此書，翻至自己相對應的地支和星象，便能快速地看到筆者對讀者的個性分析和職場叮嚀，出生時辰的正確與否會對準確度有很大的影響，假設無法確定出生時辰，歡迎前來上課成為紫微師範學院的一員，本學院將免費為您定盤，確認時辰。

此書的科系選擇乃是參考目前台灣國內大學學群和學類分類，可以快速提供讀者作科系志願選填的參考，工作選擇是綜合國內許多人力銀行工作分類，拿此書與網路上人力銀行做對照，便能快速找到適合自己的工作。

本書能確實幫助到選擇大學科系的學生和家長，以及已經在職場的上班族，了解自己的個性，解決職場上的難題並加以改善，找到最適合的方向，充足發揮自我的能力。

若不清楚哪裡可以觀看自己的命盤，可以參考下列步驟：

1. 前往紫微師範學院官方網站

   http://www.ziweischool.com.tw

2. 點選「資料連結」→「紫微命盤下載」

3. 輸入姓名、性別、生日和選擇農陽曆，並按下確定。

4. 即可看到自己的簡易紫微斗數命盤。

趕緊打開此書，一起來了解自己未來的定位吧！

【第一章】
從十四主星認識個性和工作方向

　　紫微斗數中，主星共有十四顆，分別為紫微、天機、太陽、武曲、天同、廉貞、天府、太陰、貪狼、巨門、天相、天梁、七殺、破軍。

本書第一章提供讀者：

※十四主星簡單明白的基礎認知：**古籍解釋、現代意義**。

※主星特質所對應的職業類別：**適合工作行業**。

※老師本身遇過的相關經驗：**輔老師經驗談**。

※該主星在職場上容易面對的問題及解決方式：**工作小提醒**。

　　相信能幫助讀者們面對職場生活有更正確的選擇和調適。

範例命盤

　　請讀者找到自己命盤中「命宮」的位置，並與書中十四主星做對照。

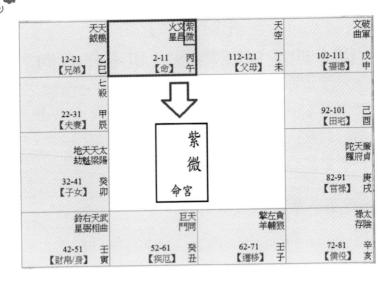

如上圖範例中，命宮主星為「紫微」。

PS：若命宮為空宮（沒有主星），請以「對宮」遷移宮的主星為依據。

紫微星

代表人物：皇帝

北斗尊星化為帝座官祿主，有解厄制化之功。

古籍解釋：

主貴－身上散發出尊貴之氣，重視面子和地位。

主權－帶有權勢和霸氣，脾氣稍硬，行事作風展現出領導

統御能力。

帝座－具有權威感，有領導方面的天分。

官祿主－事業能力強，工作職場易展露頭角。

現代意義：

見微知著－從小事就能推敲出未來的發展趨勢。

獨霸一方－在各行各業中擔任領導級人物。

舉足輕重－行為表現都帶有意義，有影響力。

微言大義－平常話不多，但一開口就有影響力。

適合工作行業：

　　紫微坐命的人適合工作種類相當廣泛，且在各個行業中都可為優秀的領導者，是文武全才的人，不管從事文職或是武職都能有優異的表現而成為領導人物，不一定很專精於某學問，但懂得串連統整各個細節，將組織作最妥善的規劃管理，適合各行業中管理方面的工作，像是圖書管理、資料管理、資訊管理……等等。

　　紫微星在職場上的表現，是屬於眼觀四面、耳聽八方，喜歡在辦公室裡坐鎮的人，不輕易走出去社交，較喜歡別人前來拜訪，帶有古代皇帝的感覺。

　　因為紫微為官祿主，軍公教政府和私人機關皆可有成

就，能力會超越一般人。

　　我本身見過紫微坐命的人，工作為上市公司老闆、立法委員、軍警高階將軍警官、學校校長、慈善基金會會長、孤兒院老人院院長、補習班主任、出版社老闆……等等。

　　紫微與生俱來的權貴感，使得本身容易居上位，是個很有能力也善於領導指揮的人，但相對地有時候這種居上的感覺，容易帶給人距離感，表面上雖與大家相處起來相安無事，但卻無法與下屬有額外深入的互動，可能沒辦法真實了解到下屬們的需求跟想法。

　　這方面我會勸紫微坐命的人，若身段態度上多點笑容和親和力，更多的互動去認識彼此，會更熟悉下屬，在職場上也會更為圓滿成功。

天機星

天 機 命宮

代表人物：孫悟空

南斗第三顆星，化氣曰善，為益算星掌壽數為

兄弟星。

古籍解釋：

主變 － 因經常動腦，而可能隨時改變自己想法。

主智 － 聰明機靈，反應靈敏，適合從事動腦行業。

主玄 － 喜歡沒有標準答案的事物，如宗教命理、心理學哲學。

益算 － 精通於數字邏輯，電腦資訊方面也強於一般人。

現代意義：

天賦異稟 － 從小就聰明，比一般人提早擁有學習能力。

機關算盡 － 對一件事會由各種角度切入，想法全面，是很好的企劃者。

變化多端 － 有很多想法創意，鬼點子層出不窮。

當機立斷 － 有想法和主見，臨場反應快。

適合工作行業：

　　天機本身主腦，特別適合從事動腦的工作，尤其是醫藥、數字邏輯、五術玄學、電腦機械，將會充分發揮天機的天分。

　　在職場中為很棒的行政幕僚，可擔任上司後面的企劃負責人，邏輯推演，是非常棒的幫手，腦袋時常比老闆聰

明細膩，可補足老闆或上司忙碌中疏忽的小細節，看事情清楚有條理。

天機在職場上默默地耕耘研究，對於繁瑣事務能經由排列組合，將事情邏輯性地在腦海中推演，作出適當的應對方式，公司都需要這樣的軍師。

輔老師經驗談：

我常見天機坐命的人，出現在私人企業副職類、財務會計、研發部門領導人、醫藥單位、宗教命理師、心理系哲學系教授、電腦工程師，其實天機的研究能力非常強，所以許多行業中專業級的老師都可看到天機的影子；也由於天機的點子創意豐富可應用於煮菜上的巧思，輔老師也曾看過天機從事廚師的行業。

天機也可以擔任運動員，在運動場上機智反應快於一般人，但比較不適合需要用到肌力與肌肉碰撞上的運動，例如籃球可擔任控球和射籃的位置，但就不適合與人碰撞搶球。

工作小提醒：

天機是忠誠的員工，就像諸葛亮對劉備，但有時想得過於細膩了，在這需要人際溝通的二十一世紀環境中，輔

老師建議心態上需要更加放鬆，別過於緊張，與同事間處理好人際關係。

由於天機時常處於緊張狀態的個性，精神一緊繃，表現也會受影響，我會勸天機的人，內心可以急，但表現與行為需要放鬆，拿捏一個暫停點，抵達後就稍微放鬆休息，後期將會有更充足的動力。

多學習做事也要學做人，在職場上將會有優越的表現，達到事半功倍的效果。

太陽星

| 太陽 命宮 |

代表人物：包青天

乃中天星造化之表儀，化氣曰貴，為富星掌貴祿，是為官祿星。

古籍解釋：

主貴 – 全身上下充滿貴氣，也喜歡選擇有地位名聲的工作。

主外 – 喜歡到處跑，適合從事變動性高的行業。

主權 – 喜歡領導他人，擔任領袖。

官祿 – 事業能力強，運勢佳。

現代意義：

陽關大道 – 作事風格大喇喇，不拘小節。

精力充沛 – 坐不住，喜歡跑來跑去。

正義使者 – 喜歡維護正義，爲弱勢發聲。

陽剛正氣 – 脾氣剛烈，正氣凜然。

適合工作行業：

是個天生的領導者，做事喜歡事必躬親，重視人際關係，時常與人溝通，也重視面子。

太陽適合出現在與人群高接觸性的行業，最好屬於服務性質，能照顧到他人，若能擁有台下的掌聲，太陽的人會感到格外有成就感。到處跑動的職業也能符合太陽的本性，太陽也會爲了適應外地的環境，而踴躍地學習外國語言。

因此醫院學校、宗教慈善、交通運輸、國際貿易、語言學習……等等，都非常適合太陽的人，由於太陽有領導特質，在各個職業上都很容易是由上而下負責關心他人的角色，例如像是在醫院擔任院長，關心底下的醫生、關心病人及家屬……等。

在學校爲很棒的校長主任，與老師間會有良性的溝

通。在公職方面爲很好的公僕，會爲弱勢團體發聲，是很好的官員，從事爲民喉舌的工作極佳，像是民意代表、律師、法官等。

輔老師經驗談：

由於太陽的人具有包容關愛心，也是地位很崇高的領導者，我常見到太陽的人擔任軍公教高階官員、校長、老師、醫院院長、主治醫生、律師、法官、慈善機構領導者……等的工作。

工作小提醒：

太陽的人在工作職場上霸氣十足，急公好義，會擁有很多貴人，但個性上過於急躁，也因此犯不少小人，需要改善。

看到不公不義的事情時，先思考如何行動，不要急於立刻挺身，不然有時反而將事情搞砸。

注意有時過於替同事下屬著想，此舉會令上位者有危機感，使上司誤以爲太陽似乎有篡位的動機，這方面是大忌。

我會建議太陽的人可以出國，到外地建立自己的事

業，自己當領導者。

武曲星

武曲 命宮

代表人物：御林大將軍

北斗第六星，化氣曰財，掌財帛是爲財帛主，司掌勇武、財富之星。

古籍解釋：

主權 – 個性剛毅，有控制欲，適合從事有地位名聲的行業。

主財 – 對金錢數字特別敏銳有天分。

武財 – 以堅毅勤奮的態度賺錢，而非投機取巧。

現代意義：

武略文韜 – 爲文武雙全之人，能文能武。

三十而立 – 中年前像一塊海綿，努力學習，中年後運勢大開。

吃苦耐勞 – 個性上很能吃苦，願意打拼。

賺錢機器 – 標準工作狂，工作佔去人生大部分。

適合工作行業：

武曲是個工作狂，適合從事金錢數字、土地資產相關行業，在軍公教中可以從事金錢財務方面領域的工作，像是財政部、經濟部。

在大企業中可擔任財務長、會計長，幫公司處理數字經濟相關的問題。

在土地資產相關，可擔任房地產主管、土地代書，另外也可以在金融銀行、保險業上班。

武曲比較不適合當大公司老闆，建議上面要有個領導帶頭的上司，給予武曲方向。

前面有介紹到天機也適合擔任會計師，但跟武曲卻有些不同，天機的會計師比較偏向自己成立小的會計室，武曲多了權，較偏向在大機構中為有名氣的會計師。

輔老師經驗談：

由於武曲的人財務金融方面極具天份，我遇過武曲的人大多是上市公司財務長、房地產公司主管、銀行分行經理、銀行總行協理、大會計師……等這類從事金錢行業的工作。

工作小提醒：

　　武曲在工作職場中嚴守綱紀，是個非常拼命的工作狂，武曲的剛強毅力會連帶展現在做人上，若碰上與人接觸的部分，給人感覺會稍固執，將會出現許多狀況，武曲做事的態度是法理爲先，情理爲後。

　　這點必須改善，將做人的心力提升到整體的三分之一，改善後將會非常棒。

天同 命宮

天同星

代表人物：豬八戒

　　南斗第四星，化氣曰福，掌生命，是曰福德主。

古籍解釋：

益算星－數字敏銳，適合從事數字相關行業。

感情星－重親情、友情、愛情，感情豐沛，適合從事演員、藝術類的工作。

福星－福星高照，工作運勢順利，少有大波折。

現代意義：

天下一家－認為周遭的人都很友善，也很願意將歡樂帶給大家。

同舟共濟－喜歡幫助別人，適合服務業。

同心協力－喜歡團體式活動，人多熱鬧感。

適合工作行業：

可從事與人接觸的職業，是個很棒的褓姆、福利委員、慈善機構、熱心的老師。

天同也喜歡將歡樂帶給大家，願意在他人面前表演，像是康樂團體、藝術表演、演員歌星。

由於擁有數字方面的天分，可從事財務會計。

對玄學方面有天分，可從事宗教命理、心理學哲學、太極拳、氣功等方面的工作，與人接觸很有親和力，會是很棒的業務員、行銷人員。

當然也適合在醫藥單位工作，幫助照顧別人，像是護理師、醫生、藥劑師、褓姆、營養師……等等。

在軍公教大企業中，天同的協調力很強，重視團體生活，不喜歡一板一眼的工作，因此在工作表現的態度上比

較隨性歡樂，能在職場上跟大家成為好朋友。

輔老師經驗談：

綜合天同上述描繪的個性特質，我見過天同的人是演員、歌星、新娘秘書、保險業務員、會計師、命理師、慈善宗教團體活躍人物、運動員和太極拳老師……等等。

工作小提醒：

天同的廟旺（◎○）和落陷（✕），在個性上有些微不同，我在這裡分別作解釋說明。

天同若廟旺（◎○）時，一開始起跑能力很強，但耐力不足，有點惰性懶散感，做人多於做事，做事需要多注意努力些，這點可能需要改善。

天同落陷（✕），做事相當勤奮，人際溝通上容易溝通不良，需要練習溝通技巧，否則臉上會容易忘記笑容，而顯得不易親近。

廉貞星

廉貞
命宮

代表人物：典獄長

北斗第五星，化氣曰囚，掌品秩，乃次桃花，

是為官祿主。

古籍解釋：

囚星 – 有保護色，是完美主義者。

驛馬 – 適合變動性質高的工作。

次桃花 – 天生具有桃花魅力，可在人群間工作。

官祿主 – 工作能力強，認真拼命。

掌品秩 – 喜歡規定、制定規則。

現代意義：

廉能清正 – 重視面子，做事相當自我要求。

業界第一 – 不喜歡輸的感覺，要做就做到最好。

戰戰兢兢 – 會要求別人，也很要求自己，常處在緊繃的壓力下做事。

適合工作行業：

因為廉貞本身控制欲強，要求完美，適合從事要求他人的工作，像是軍警法、運動教練、老師、政府監察人員。

本身帶有囚禁的控制欲，可以擔任看守所所長、典獄長。

個性上容易坐不住跑來跑去，可以當個很棒的外語老師，適合跟外國人進行溝通，也可以從事國際貿易、業務、交通行業、物流業。

廉貞充滿魅力特質，可以從事藝人、媒體、表現表演的行業，也可擔任規劃藝人的經紀人，甚至是擔任藝能界的大哥大、大姐頭，掌管藝能界大環境。

輔老師經驗談：

我見過廉貞的人是軍公教政府機關大官、法務部官員、看守所所長、法官律師、銀行監察員、政風處官員、私人企業上市公司老闆、藝人、船長、機師、空少空姐、物流公司主管……等等。

工作小提醒：

廉貞的人太注重法紀，任何事情都依法處理，雖然廉貞本身也會遵守，但有時甚至會制定專屬的法規，嚴謹苛刻的要求會使身邊的同事及下屬感到不適應，很容易影響到人際關係。

我會建議廉貞的人，按照目前公司的規定進行遵守就好，若自己有意見想法，提出書面與他人進行溝通，避免大家的不適應，也免得不小心產生職場上的小人。

天府 命宮

天府星

代表人物：財務長

南斗第一星，爲令星，掌福權，是爲財帛星。

古籍解釋：

主令－協助長官上司對下發號施令。

主庫－喜歡囤積錢財。

財帛主－賺錢運勢佳，也適合從事金融業。

田宅主－房地產眼光佳，善於評估。

現代意義：

府庫祿存－財庫豐厚，收入高。

財務會計－數字相當拿手。

理財聖手－規劃理財方面的達人。

一毛不拔－存起來的錢就很難掏出來。

適合工作行業：

　　天府與生俱來的財務會計能力，能使他在金融銀行業、股票投資都能有很好的表現。

　　很適合考高普考，日後在經濟部財政部相關類型場所

工作。

在房地產方面相當有天分，買房租房有獨特眼光，能發掘新地段，趁便宜提早進入市場，之後高價賣出，容易為天府致富的關鍵，當然也適合擔任土地代書、房地產買賣仲介。

事實上天府本身多才多藝，文武全才，做什麼都能有很好的表現。

天府為標準的宰相格，官位容易晉升至副董、幕僚長的位階。深得長輩長官的疼愛。因對上司忠心，踏實穩重的個性，能準時交付老闆所有任務，作為上與下中間的身分，發號施令。

輔老師經驗談：

我遇到天府的人，大多是軍公教或大企業中副主管、金融銀行業和房仲業。另外遇過專門從事法拍屋的買賣，將舊屋收購重新裝潢後再高價賣出。

工作小提醒：

儘管天府在各方面表現都很優秀，但仍需注意有時會有狐假虎威的情況，對於屬下發號施令，說起話來會有下

命令的感覺。天府的命令是很務實、實際的，不同於紫微的下命令；紫微是偏方向、理想，在發號施令時較不會有刺人感，但天府的命令會較直接，每個命令都關係到下屬的工作時間，有時容易導致他人的反彈，這時就需要注意到與下屬的人際關係，我會建議多訓練調整命令的口吻，或是以文字簡訊方式表達較有用，屬下也較易遵守。

天府具有節儉的個性，若能偶爾請下屬聚餐吃飯，在事業上會相當有幫助。

太陰 命宮

太陰星

代表人物：白面書生

中天主星，化氣富星，司天儀表掌母妻，是為田宅主。

古籍解釋：

主柔－個性上溫柔細膩，適合從事文職。

主桃花－擁有很好的人緣魅力，適合接觸人群。

富星－善於管理財富。

母妻－擁有女性特質，溫柔照顧別人。

田宅主－置產運順利。

現代意義：

陰柔賢淑 – 就算是男生，也會有賢慧溫柔特質。

猶豫不決 – 做事易反覆思考，難以果斷拿捏。

理想夢幻 – 喜歡浪漫，有時易不切實際。

戀戀不捨 – 重感情，不喜歡與人爭執分開。

適合工作行業：

太陰擁有細膩的心、豐沛的感情，很適合擔任作家、藝術家、演員、電影、音樂，可以將自己完全沉浸在藝術的世界，跳脫到另外一個角色。

充滿了母愛的太陰，也很適合從事護士、褓姆、老師的工作，甚至當家庭主婦，可協助老公照料小孩，將家事處理得有條不紊。

太陰是很好的秘書，會幫助老闆減輕負擔，叮嚀許多小細節，處理雜碎的瑣事。

對金融數字、房地產業有天分，也可往這方面發展。

輔老師經驗談：

我見過太陰的人擔任股票分析師、房地產仲介員、銀行副理襄理、保險經理、演藝人員、學校老師、醫院醫

生、護理長、看護、鋼琴老師、美術老師、音樂老師、作家……等等。

工作小提醒：

太陰為感情星，非常重情，本身對於愛的付出很要求很高，因此也希望能得到對方的回應。職場上太在乎同事情、老闆情、下屬情，許多事情容易因枝末細節而產生小摩擦，一旦跟他人有些人際關係上的問題產生，在工作上的情緒就會相當不穩定，時時牽掛在心中，影響工作表現。

太陰容易有個情況，假設公司同事有十個人，但有一個人跟自己處不好，就常因此整日心神不寧，最終走向離職之路。

我建議太陰的人，將朋友區分成核心與非核心，內心不需要過於在乎每一個人，將時間與精神付出在認定為核心的朋友區塊，否則太陰博愛的心容易受傷，而影響到工作表現。

貪狼星

貪狼
命宮

代表人物：好動兒

北斗第一星，化氣曰桃花，掌遊戲禍福主。

古籍解釋：

桃花 - 異性緣強，懂得表現自己引人注目。

遊戲 - 喜歡有趣新鮮的事物，玩樂主義。

禍福 - 工作生活中禍福相依，好壞隨時發生。

虛浮 - 個性浮動，坐不住，帶有好動的個性。

現代意義：

狼吞虎嚥 - 追求新奇事物，一開始總是動力十足。

不發少年 - 學習能力廣，但不夠深入。

橫靜橫動 - 能靜能動，多才多藝。

談笑風生 - 交際手腕強，人緣魅力佳。

適合工作行業：

貪狼是個好動兒，好奇心強，對於文武皆有涉獵，上知天文下知地理，是個亦正亦邪之人，白話來講正當的興趣和偏門的興趣皆會涉獵，甚至學習跟參與。

貪狼也是個能文能武的人，在各行各業皆有影子，不管是武職的軍警運動員，或是文職的公教人員，相同點是皆喜歡展現出某些霸氣和地位。

對於流行元素特別敏銳，適合擔任新興行業老闆，像是科技業。

古書中提及貪狼好神仙之術，像是宗教命理、心理學哲學，這類也容易引起貪狼的興致。

對於顏色美學，表演藝術很在行，亦是天分。

在高利潤高風險的行業中，亦可發掘貪狼的影子，只要可以賺錢的行業，貪狼都勇於嘗試。

總而言之，貪狼適合所有工作，適應力很強，容易受到成長環境和父母給予的教育影響到未來會走哪一條路。

輔老師經驗談：

我見過貪狼的職業有軍官、警官、運動員、歌星、演員、節目主持人、服裝設計師、保險業務員、理財專員、生意人老闆……等等。

工作小提醒：

雖然貪狼乍看之下懂得很多，但「多才多藝，沒才藝」卻也很適合用來形容貪狼，貪狼可以懂很多，但要到專精的地步，則需改善調皮的個性和學習的耐力，不然常常三分鐘熱度，會一直半途而廢，早年難有成就。

貪狼不太喜歡只做一件事，對於本業來說會分心，容易本業做不好，副業也只學一半，專注力不足。我會勸貪狼的人，做一件事先好好專注半年以上，學習力很強的貪狼必定能將一個技術學得精熟，否則貪狼容易太晚才發達，涉獵太多而不夠專精。

巨門星

巨門
命宮

代表人物：演講家

　　北斗第二星，爲陰精之星，化氣曰暗，掌是非，是爲品物主。

古籍解釋：

主暗－喜歡獨自研究鑽研學問的感覺。

是非－對於事情的是非對錯很講究。

口舌－較容易與他人有口舌之爭，可從事辯論工作。

品物－掌管生活中的資源，有過人的天分。

現代意義：

門庭若市－以極佳的口才吸引他人目光。

敏感多疑－個性上容易質疑事物。

據理力爭－不喜歡輸，該爭取會盡力爭取。

對答如流－反應快速，滔滔不絕。

適合工作行業：

巨門非常聰明有能力，且細膩中帶有創意，思考邏輯與一般人不同，因為暗星的特質，對事情容易有悲觀特質，連同負面的結果也一併考慮，正負面皆思考，最好及最壞皆作好打算，因此思量事情相當全面性。

巨門很適合動腦思慮、推理邏輯，甚至改革改變的企劃人員、論壇大師、輿論專家，各行各業中巨門皆能成為很棒的幕僚。

巨門是個能把任何事情做到底的人，引申出能在一件事情上自編自導自演，表演演說的全專業通盤之人。因此巨門的能力很強，很適合擔任軍中情報員、軍警界檢察官、記者、執行企劃人員、研發單位研究員、國科會研究人員、軍公教大企業中發言人。

對於人類消耗品特別有感觸，食衣住行環保，擁有這方面的天分跟創意，像是餐飲業、藥劑師、中西醫師、護理師、服妝設計師、建築設計、資源回收。

若無專業技能，可開便利商店、雜貨店，處理柴米油鹽醬醋茶方面的生活用品。

巨門工作很極端，內心有極細的思考，在外可說可演可唱，唱作俱佳。

適合成為介紹食衣住行商品的宣傳家，進行包裝宣傳和推廣，或回到單位本體進行研究和研發，可從事以口得財的行業。

輔老師經驗談：

我看過巨門的人擔任歌星、主持人、單位發言人、學校老師、業務、房屋仲介、擺攤老闆、影評家、辯論社社長、研究員、記者……等等。

工作小提醒：

巨門的廟旺（◎○）跟落陷（╳）落差很大，我在這裡分別跟大家作說明：

巨門廟旺（◎○）的人很能說，但注意言多必失，禍從口出，以免招致小人，官司是非，凡事多想兩秒再說。

巨門落陷（╳）的人比較不愛說話，不太願意溝通，很難有貴人幫助到這類型的人，多注意溝通協調的關係，讓別人可以多了解你，在工作職場上的配合協調力，可讓工作更順利。

天相星

天 相 命宮

代表人物：媒婆

南斗第五星，化氣曰爲印，爲福善官祿佐帝之相，掌爵福，是爲官祿主。

古籍解釋：

主印－適合文書作業，發布上司命令。

官祿主－事業能力跟運勢都很強。

福善－心地善良，樂心助人，適合服務業。

佐帝－幫助上司，成爲輔佐性質的角色。

現代意義：

天賜良緣－喜歡當媒婆，介紹人事物給適合對象。

相得益彰－喜歡幫助別人，助人人助。

盡忠職守－忠誠負責，是個很好的助手。

吉人天相－生活事業順利，貴人不斷。

適合工作行業：

吉人天相，爲什麼吉人天相呢？

因爲命宮天相的本質，會有相輔相成，相得益彰雙贏的概念，喜歡作這類彼此互助的事情，大家互相幫忙，協

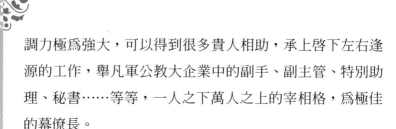

調力極為強大，可以得到很多貴人相助，承上啟下左右逢源的工作，舉凡軍公教大企業中的副手、副主管、特別助理、秘書……等等，一人之下萬人之上的宰相格，為極佳的幕僚長。

私人企業中可從事服務業、婚姻介紹所、房屋仲介、土地買賣、保險業務、慈善推廣、藝人經紀……等等關乎協調力強的工作，皆適合天相。

天相也是顆福善之星，可從事福祿壽喜的工作：

福、祿：土地買賣、外匯買賣的仲介。

壽：健康、醫美、護理方面的業務，殯葬業。

喜：婚姻介紹所、坐月子中心、幼兒教育等推廣員業務員。

喜歡為人民發聲，可以擔任民代、立委、里長、律師，協調委員會。

文武全才，但重點不在文武，而在於人。

輔老師經驗談：

我見過天相的人擔任軍警、公家單位副職類、行政幕

僚、副校長、副隊長、副署長、運動協會副理事長、慈善
基金會副理事長、房屋仲介、法律諮詢律師、藝人經紀
人、婚姻介紹所老闆、各行各業中的秘書、企業特助、殯
葬禮儀師、立委、議員、鄰長里長……等等。

工作小提醒：

處理人的事情太多，會有極大的壓力，這些壓力又基
於愛面子，想把所有事情處理好，把不同圈圈的朋友聚在
一塊。文武不同行業的朋友要盡量分開，這樣處理事情比
較不會有過多的負擔和累贅，多點私人空間，給自己冷靜
的一天，偶爾嘗試作個孤獨的背包客，會更有智慧。

我叮嚀天相的人千萬不可作老闆，十個有九個會過得
非常艱辛，容易承受不了巨大的壓力，領導並不是天相所
拿手的，做好稱職的副手才能發揮所才。

天梁星

天梁
命宮

代表人物：教主

南斗第二星，化氣曰陰，掌壽命，是爲父母
星。

古籍解釋：

中藥星－很適合在醫院環境中工作。

老人星－想法成熟，喜歡教育他人。

宗教星－善於思考，宗教命理方面很有慧根。

蔭星－祖先庇蔭，生活事業平安。

現代意義：

德高望重－擁有早熟的思慮，會受人景仰尊敬。

婆婆媽媽－喜愛耳提面命，諄諄教誨。

良藥苦口－說話有時直接，但實際上很受用。

領導統御－時常為團體組織中的精神領袖。

適合工作行業：

天梁是很善良的星、德高望眾的星、博愛星且具有宗教情懷。

很適合在醫院學校、宗教慈善，這類幫助人的工作。

也適合接觸宗教類，像儒釋道、命理、心理學哲學、慈善機構（老人院、孤兒院）領導人、弱勢團體的領導者。天梁儼然就是個大師，在各單位中成為領導者，德高望重的原因在於光明磊落不自私，所以天梁容易成為佼佼者。

輔老師經驗談：

我見過天梁的人在軍警公教單位、學校主任、中西醫師、藥房老闆、護理長、慈善基金會會長、心理學哲學系教授、命理師……等等工作。

工作小提醒：

天梁在工作上重地位和面子，很博愛替大家著想，為典型的精神領袖，因為太在乎別人眼中的地位觀感，通常表現出老大的樣子，這點來說比較會傷害到跟家人、親近好友的感情，因為跟天梁越近，越有距離，跟天梁越遠的人，親和力越好。

天梁在外，得到外人掌聲會很開心，但待在家裡會感到孤獨，我建議天梁的人把生活當作工作，把工作當成生活，平衡一點，自己會更開心。

開心之餘，精神領袖的地位也會更扎實穩固。

七殺星

七殺 命宮

代表人物：遠征大將軍

南斗第六星，化氣曰將星，成敗之孤臣，遇紫微則化殺為權，別名上將，視為成敗主。

古籍解釋：

將星－喜歡享受權威感，自己當將軍。

成敗－做事衝動拼命，事業易大起大落。

桃花－異性緣旺盛，容易吸引他人目光。

現代意義：

殺氣騰騰－行事作風快速直接，具有強悍感。

積極進取－決定要做的就拚命到底。

暴行犯上－不喜歡的事就直接表達，有時易冒犯到上司。

行遍全球－爲了工作到處跑，容易離鄉背井。

適合工作行業：

　　七殺顧名思義，殺氣騰騰，很有競爭力，企圖心欲望很高，通常具有快狠準的人格特質，拉到現代論，輔老師認爲是地上一條龍，可與所有人競爭，打敗所有人，這條龍從事軍警運動員、商人、業務極具兇悍，通常有開發性、披荊斬棘般的成就。

　　七殺很適合從事非常競爭的行業，舉凡科技、電腦、手機，這種日新月異的行業，非常適合七殺的挑戰性。

　　假設一個企業瀕臨失敗之前需要挽救，趕緊找一個梟

雄，即是七殺，能很快挽救事業，可以在很短的時間把公司業績收入，拉到數十倍百倍不等，簡而言之，七殺只要有錢賺，什麼都做。

七殺也很適合做「動」的行業，像是國際貿易、物流業、交通業……等等。

輔老師經驗談：

我見過七殺，是個很棒的軍官、警官、運動員，也見過很凶悍的流氓。

在上市科技公司的業務經理、傳銷直銷、銀行保險此類的超級業務員、貿易公司的老闆、英語補習班的老闆、開車的貨櫃司機、遊覽車司機、車行老闆、空中小姐、機師、船員……等等。

工作小提醒：

七殺在工作職場上能力很強，但脾氣也很倔強，對屬下很嚴格，對老闆也會挑剔，這點非得改善不可。很適合孤獨行事，孤獨的衝刺，可以想辦法跟主管上司說話再慢三分，多管自己的事情，能夠不做組織領導就不做，把自己的事情管好即可，不要太要求他人，因為七殺必定是個事必躬親的人，在協調力上需要加強，會更圓滿。

破軍
命宮

破軍星

代表人物：敢死隊

北斗第七星，在天為殺氣，在數為耗星，化氣曰耗星，掌統帥是為六親主。

古籍解釋：

主動 - 很適合從事變動性質高的行業。

主破 - 可從事破壞性質行業，具有創新特質。

殺氣 - 做事衝動，動力十足。

統帥 - 具有權威感，可以為領導先驅。

現代意義：

破竹之勢 - 做事衝動直接，非常具有行動力。

破天荒之舉 - 個性較大膽，有時會具有瘋狂的想法舉動。

先破後成 - 年輕衝動易經歷挫折，之後學習成長邁向成功。

創意達人 - 想法特殊另類，常是流行方面的先驅領導人。

適合工作行業：

破軍是個十足的敢死隊，膽子很大，敢創新敢與眾不同，很適合從事軍警運動員，發明創新創意、點子公司、

新興行業、流行趨勢事業這類工作。

破軍顧名思義有「破壞」之後「成軍」，可從事拆除業、拆解機械、拆房子的行業，但是也會成軍，會成為建設公司、土地開發、土木建築業、蒐購舊屋進而重新創新改造。

破軍是個很棒的設計師，也是很棒的命理師，破軍對於未知的事物很想去了解以及解決，很想掌握趨勢進而創造未來，是個十足的流行先驅者。

輔老師經驗談：

我見過破軍的人，有軍官、警官、運動員、流氓、建築業老闆、科技公司老闆、專利公司老闆、業務、服裝設計師、建築師、裝潢設計師、拆屋拆船、拆 3C 產品並重組的行業。

工作小提醒：

破軍的人想法較另類特殊，可用於藝術、創意設計方面，但因想法不同，有時與人溝通容易產生代溝，說話也容易比較直接，需特別注意與他人談話方式和內容，訓練自我口語表達能力，在事業上將會有更多的貴人協助。

【第二章】
從十二地支認識個性和工作方向

　　紫微斗數中，共有十二地支分散在十二宮位，請讀者找到自己命盤中「命宮」的位置，並觀看命宮所在地支位置，與書中做對照。

本書第二章提供讀者：

※對十二地支有簡單明白的基礎認知：**基本個性特質**。

※提供地支特質所對應的職業類別：**適合工作方向**。

※輔老師的工作叮嚀：**缺點小提醒**。

相信能幫助讀者們更了解自己。

地支意義介紹：

　　十天干為天，十二地支為地，人的生活表現都站在地上，可看出人跟地支的關聯相當緊密，地支對人的影響非常大，簡單來說，命宮所在的地支位置，會直接呼應出個人的能力和天分。

　　若沒有地支，星象好像沒有著落點的感覺，會有點飄

飄忽忽，因此了解地支，爲學習紫微斗數最重要的第一個環節，也是最大基礎。

許多人學完星象，實際論斷時卻又覺得哪裡不太準確，就是疏忽了地支的關係。

如果從人性的角度來說，地支在我們的心靈層面來講，是最深層最眞實的自己。

十二地支就是「子丑寅卯辰巳午未申酉戌亥」，會分別落在命盤上的各個角落，是固定不變的。

地支固定位置如下圖：

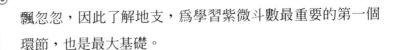

巳	午	未	申
辰			酉
卯			戌
寅	丑	子	亥

命宮在不同的地支位置，就會有該地支的個性特質，

讀者們可以找尋一下自己命盤中命宮所在的地支位置。

每個人有各個截然不同的命盤，命宮就會落在這十二地支上面，因命盤不同，命宮所在地支就會不同，此本著作就是以命宮坐落地支位置為論斷上的真實探討。

我在接下來的地支介紹，會給予每個地支一個稱號，透過這樣的方式幫助讀者學習並記憶。

祿天 存梁 54-63　丁 【僕役】　巳	擎七 羊殺 64-73　戊 【遷移】　午	地天 劫鉞 74-83　己 【疾厄】　未	廉貞 84-93　庚 【財帛】　申
陀右天紫 羅弼相微 44-53　丙 【官祿/身】辰			火星 94-103　辛 【子女】　酉
天巨天 空門機 34-43　乙 【田宅】　卯		命宮 子	左破 輔軍 104-113　壬 【夫妻】　戌
文貪 昌狼 24-33　甲 【福德】　寅	天太太 魁陰陽 14-23　乙 【父母】　丑	文天武 曲府曲 4-13　甲 【命】　子	鈴天 星同 114-123　癸 【兄弟】　亥

範例命盤

以上圖範例為例，此人命宮位置在地支子。

地支子：

```
┌──────────┐
│          │
│          │
│  命宮 子  │
└──────────┘
```

基本個性特質

　　命宮特質帶點內向、內斂、細心，腦袋聰明、反應很快，平常有時候很少說話，但一說起話來就會命中要害，有一針見血之感。

　　所以地支子的人，我會形容他具有「科學家」的特質。

適合工作方向

　　從研究的特質來分類，可分爲兩種：

　　一種叫做探索未來，對於未知事物很有好奇心想了解，包括宗教家、心理學、哲學。

　　另外一種是研究過去古人古物的科學家，例如考古學家、歷史學家、收藏家、古物鑑定家。

缺點小提醒

　　有些小缺點，對於事物喜歡研究到太徹底，有時研究成功時，商業時機已經過了，就很難得到很大的利益，要增加自我的信心。

地支丑：

```
┌─────────────┐
│             │
│             │
│             │
│       命宮  丑 │
└─────────────┘
```

基本個性特質

是一個很務實，很踏實，一步一腳印的人，工作也很努力，簡稱事必躬親，我給他一個代表性的工作特質，就是「企業家」。

適合工作方向

任何需要事必躬親的工作，都很適合命宮在地支丑的人，舉凡：業務、老師、企業經理……等等。

缺點小提醒

地支丑有個缺點，帶點固執和執著的特質，只相信拼命努力，「要怎麼收穫先那麼栽」，不太能放鬆，容易呈現緊張和壓力，而且也不太願意接受別人的建議，這些如果改善三分，做人處事再圓融些，老師相信地支丑的人能做得更好。

地支寅：

命宮 寅

基本個性特質

是個很活躍，很喜歡參與社團，大型活動，喜歡跟人群在一起的特質，所以我在這裡給地支寅兩個代表性工作特質，「社交家」以及「外交家」。

適合工作方向

在學校很容易成為一個很活躍的領導者，在社會也很容易成為社團、基金會、協會這方面的理事長。

與工作來說，很適合做導遊，也很適合在舞台上的表演，很有舞台魅力。

總而言之，很多人參與的工作活動，都很適合他。

缺點小提醒

但是地支寅的缺點，也就是因為人的事務太多，各類的活動太多，所以非常地奔波忙碌於社交圈，這一點就很容易在思慮上缺少了細心以及扎實的特質，有點飄飄忽忽不穩定的感覺。

地支卯：

基本個性特質

第一個優點特質，每天都在學習成長，第二個優點特質很善於計劃企劃，給他一棵小樹苗，他可以推廣製造成一片大森林，所以我就會給地支卯一個工作天份特質是「推廣家」、「宣傳家」。

適合工作方向

包含宗教、教育方面的推廣，傳播媒體的宣傳，都很適合命宮地支卯的工作。

缺點小提醒

由於地支卯可以在專業上非常有成就，但相對來說，多才多藝在他身上就比較困難，有時候忙於推廣與宣傳的活動，反而會忽略了其它生活計劃的重要性。

因為地支卯擁有依照計畫行事的特質，若計畫經常有變動，就比較容易造成情緒上的不穩定，在某些區塊會變得沒有自信。

地支辰：

命宮 辰

基本個性特質

個性是一個企圖心和欲望非常大的人，不畏艱難，很具有挑戰的精神，所以我給他一個名稱叫做「冒險家」。

適合工作方向

非常適合從事冒險的工作，舉凡早期衝去美國日本經商、非洲採礦、阿拉伯領高薪，以及近期很拼命的台商，還有譬如說去登山探險，橫渡海洋，這類需要勇氣的工作。

在經營事業的時候，他也很容易從事非常冒險的大投資。

缺點小提醒

企圖心大於天，欲望超越自我，所以要非常注意自己的身體健康狀態，有時為了事業犧牲自己的飲食和睡眠，導致生活作息失調，而失去了健康。

但其實健康才是永遠的財富，需要特別注意。

地支巳：

```
┌──────────┐
│          │
│          │
│          │
│   命宮 巳 │
└──────────┘
```

基本個性特質

做事要求完美，要求自己很高，也擅於規定他人，所以我給他一個「教育家」的稱號。

適合工作方向

例如皇帝教育子民，總統教育人民，老師教育學子，老闆教化員工，宗師傳道於信徒，所以命宮在地支巳的人，只要在教化教育的領域，都很適合。

缺點小提醒

基於以上教育特質，命宮地支巳的缺點，有時太喜歡教訓別人，語氣中帶點霸氣剛硬的特質，反而讓人不服氣。

只要說話方式改善一些，相信更能達到圓融的人際關係。

地支午：

```
┌─────────────┐
│             │
│             │
│         命宮 午│
└─────────────┘
```

基本個性特質

如同每天中午的大太陽一般，高高在上，很有尊貴地位的感覺，所以我給他一個名稱「政治家」。

適合工作方向

可以是政府的高官顯貴，也可以是名揚四海的各類專業人士。

很擅於激勵鼓動群眾，領導大家走他的理想之路，因此很適合從事群眾活動，擔任大家眼中的領導人物。

缺點小提醒

因為地支午有權貴感，自己本身愛好面子，所以面對事情時較不輕易彎腰，這點會較難取得知己好友的信任和友誼，導致比較容易犯小人。

所以我建議地支午的人更要注意人際關係，才是成功的不二法門。

地支未：

基本個性特質

「未」代表未知、未來，所以有未卜先知的特質。

根源是想得很多，思慮很周密，善於思考於無形或是未發生的事物，所以我給他一個「哲學家」的特質。

適合工作方向

很適合成為心理學家、哲學家、宗教家、命理學家這類需要探索思考的職業。

缺點小提醒

缺點是有時候會帶著憂鬱感，負面的感覺，而且想得多，做得少，所以地支未最好要增強執行力。

通常老師會向地支未的人說「做就對了，別再想了。」

如此一來更能成功，因為已經想得夠多了。

地支申：

命宮　申

基本個性特質

　　從申這個字，可以引申出「申訴」、「申請」、「申冤」、「伸張正義」，所以我給他一個「革命家」、「變法家」的稱號。

適合工作方向

　　很擅於改變傳統的錯誤以及包袱，也很適合從事新興流行行業，甚至於無中生有的創意行業。

缺點小提醒

　　地支申的缺點特質，常常在否定過去、否定他人、否定法條，如果不改善的話，所有人都會反過來否定你，這個時候地支申很容易失去自信，而否定了自己。

　　少一點意見，少一點建議，說話慢三秒，對別人多點正面肯定，就比較容易成功。

　　增加人際關係是不二法門。

地支酉：

基本個性特質

　　旁邊加個星，就變成「醒」，很喜歡喚醒世人，相對地也很喜歡評論所有的人事地物，所以我給他的代表人物叫做「評論家」、「影評家」。

適合工作方向

　　很適合當政治評論家、特殊教育家。

　　就像近代評論性節目常出現的人物，如李濤、鄭弘儀、陳文茜……等。

缺點小提醒

　　地支酉的缺點方面比較偏向自我，有時候較自以為是，只允許自己對別人品頭論足，但不允許別人批評他，這點在人際關係上會比較糟糕。

　　要多接受他人的建議，也要多接受他人的想法，這樣更能成功。

地支戌：

命宮 戌

戌就等於一句成語「戌守城池」，擁有堅守崗位的個性特質，所以他就像西遊記裡的沙悟淨，是很負責任的一個人，絕不輕易下妄語。

因為行事風格很扎實，所以很容易在工作上展現出具有抽絲剝繭的能力，好奇心很強，非得把人事地物搞清楚，所以我就給他「鑑定家」、「科學實驗家」的稱號。

適合工作方向

刑事鑑定、情報專家、八卦記者、醫事檢定……等等這類的工作。

缺點小提醒

因為太負責，太扛責任，所以很容易疲於奔命，分身乏術，這一點要特別注意自己的身體。

答應別人的事情必定扛到底，是優點也是缺點。

地支亥：

```
┌─────────┐
│         │
│         │
│         │
│    命宮 亥│
└─────────┘
```

基本個性特質

亥位的人很具有浪漫、藝術、重情的特質，是很有母愛的一個人，大致來說，我給他一個「藝術家」、「夢想家」的特質。

適合工作方向

很適合從事偏門藝術，舉凡琴棋書畫、唱歌跳舞、宗教命理、心理哲學，甚至於美容美學，是一個很棒的藝人。

缺點小提醒

但是因爲地支亥的人，忙於享受，個性上過於浪漫不切實際，所以有的時候，做事會忽略細節，甚至會有健忘的情況發生，對於實體事物帶點懶散的特質。

應該要把自己的時間分配妥當，時時自我提醒，分成浪漫時段跟現實狀態，做確切的區分和平衡，如此一來就更容易成功。

【第三章】
主星與地支組合

　　請讀者尋找自己命盤中「命宮」的位置，並對照書中相對應的「星象」和「地支」，便能找尋到適合自己的科系和工作方向。

　　若命盤中「命宮」為空宮（無主星），請以對宮（遷移宮）的星象為主，但地支則不變。

　　舉例：命宮空宮在酉，對宮遷移宮主星紫微貪狼在卯，則命主則是以「紫微貪狼」「在酉」為主。

巳	午	未	申
辰			命宮　酉
紫微貪狼△○ 遷移宮　卯			戌
寅	丑	子	亥

紫微星組合

紫微天府在寅：

　　命宮地支寅，主星紫微、天府的人，是個很活躍、多才多藝且具領導特質的格局，非常適合成爲一個具有群眾魅力的人，可往人群管理方面發展，將會是個很不錯的管理者。

科系選擇：

管理學群：企業管理、運輸與物流管理、資產管理、行銷經營、勞工關係。

財經學群：會計、財務金融、經濟、國際企業、保險、財稅。

工作選擇：

　　政府高普考、行政總務、財務會計、人力資源、門市管理、專案管理、生產管理、各行各業領導階層。

紫微天府在申：

　　命宮地支申，主星紫微、天府的人，很重視事情的是非對錯，很建議走法律、法官、律師、監察檢查等等單位的領導

者，當然也具有憲法大法官的格局，是個具有審判味道的領導格局。

科系選擇：

法政學群：法律、政治、外交、行政管理。

管理學群：企業管理、運輸與物流管理、資產管理、行銷經營、勞工關係。

工作選擇：

　政府高普考、法務智財、行政總務、財務會計、門市管理、專案管理、生產管理、各行各業領導階層。

貪紫
狼微
△○

命宮　卯

紫微貪狼在卯：

　命宮地支卯，主星紫微、貪狼的人，是一個非常上進、很重學習，且多才多藝的領導格局，擁有貪狼廣結人緣的性質，非常適合從事媒體、藝術、表演、教育方面的領導者，會有不錯的工作表現。

科系選擇：

大眾傳播學群：大眾傳播、新聞、廣播電視、廣告、電影。

藝術學群：美術、音樂、舞蹈、表演藝術、藝術與設計。

工作選擇：

　　教育輔導、藝術設計、傳播藝術、傳媒採訪、業務銷售、旅遊休閒、客戶服務、美容美髮、宗教命理。

貪紫
狼微
△○

命宮　酉

紫微貪狼在酉：

　　命宮地支酉，主星紫微、貪狼的人，是一個典型的很擅於評論天南地北的領導格局，所以適合從事評論性質的工作行業，喜歡改革傳統，對於各種事物給予建議，行事作風帶點批判色彩。

科系選擇：

大眾傳播學群：大眾傳播、新聞、廣播電視、廣告、電影。

藝術學群：美術、音樂、舞蹈、表演藝術、雕刻藝術與設計。

工作選擇：

　　教育輔導、藝術設計、傳播藝術、傳媒採訪、業務銷售、藝人、媒體記者、旅遊休閒、客戶服務、美容美髮、

宗教命理家。

紫微天相在辰：

命宮地支辰，主星紫微、天相的人，個性屬於不畏艱辛，具有冒險精神且善於社交的領導者，一般來說很適合從事民意代表、地方官員這類為民發聲的行業，也很容易是貿易買賣的商人。

科系選擇：

財經學群：會計、財務金融、經濟、國際企業、保險、財稅。

管理學群：企業管理、運輸與物流管理、資產管理、行銷經營、勞工關係。

工作選擇：

政府高普考、財務會計、人力資源、業務銷售、貿易船務、專案管理、旅遊休閒、客戶服務、生產管理。

紫微天相在戌：

　　命宮地支戌，主星紫微、天相的人，是一個典型的政治家，也是個負責任且很重人際關係的領導者，適合從事政治調解以及特殊教育的領域，是個很具有協調能力的人，工作職場上深得大家的支持與幫助。

科系選擇：

法政學群：法律、政治、外交、行政管理。
管理學群：企業管理、運輸與物流管理、資產管理、行銷經營、勞工關係。

工作選擇：

　　政府高普考、財務會計、人力資源、業務銷售、法務智財、貿易船務、專案管理、旅遊休閒、客戶服務、生產管理、教育輔導。

紫微七殺在巳：

　　命宮地支巳，主星紫微、七殺的人，是一個典型的很要求完美且霸氣十足的武皇帝格局，也是個百分百的大企業家、校

長以及軍警政府的大官員，在工作職場上具有專業能力，能以專業而得高層管理職位。

科系選擇：

外語學群：英語、歐洲語文、日本語文、東方語文、應用語文、英語教育。

管理學群：企業管理、運輸與物流管理、資產管理、行銷經營、勞工關係。

工作選擇：

政府高普考、人力資源、業務銷售、門市管理、產品企劃、專案管理、旅遊休閒、生產管理、貿易船務、醫療專業。

紫微七殺在亥：

命宮地支亥，主星紫微、七殺的人，是一個具有藝術特質，勇於表現的一個領導者，可成為一名媒體大亨、藝能界的大哥大或大姐頭，與生俱來的管理天分，容易成為媒體的精神領袖。

紫微斗數算你好工作

科系選擇：

藝術學群：美術、音樂、舞蹈、表演藝術、藝術與設計。

管理學群：企業管理、運輸與物流管理、資產管理、行銷經營、勞工關係。

工作選擇：

　　政府高普考、業務銷售、門市管理、產品企劃、專案管理、人力資源、藝術設計、傳播藝術、傳媒採訪、旅遊休閒。

紫微在子：

紫微△。

命宮　子

　　命宮地支子，主星紫微的人，是一個非常細心，善於鑽研研究的一個專家格局，給他一個叫做專業工程師的稱號，在各種行業中都很容易琢磨成一個專業大師，當然也很適合當老師。

科系選擇：

資訊學群：資訊工程、資訊管理、數位設計、圖書資訊。

數理化學群：數學、物理、化學、科學教育、自然科學。

政府高普考、經營幕僚、產品企劃、教育輔導、藝術設計、學術研究、醫療專業。

紫微在午：

命宮地支午，主星紫微的人，是天生的領導者，霸氣十足，唯我獨尊，文武全才，做事情有想法和魄力，一舉一動皆能得到他人的贊同與協助，在任何的單位或企業，均可成為佼佼者。

科系選擇：

管理學群：企業管理、運輸與物流管理、資產管理、行銷經營、勞工關係。

工作選擇：

政府高普考、人力資源、門市管理、專案管理、生產管理、教育輔導、各行各業管理階層。

紫微破軍在丑：

命宮地支丑，主星紫微、破軍的人，是一個非常拼命且勇敢的武皇帝，具有這類特質的領袖，很適合從事商人、企業、運動這類的領袖，簡而言之，有錢賺就會埋頭苦幹，變成十足的拼命三郎。

科系選擇：

管理學群：企業管理、運輸與物流管理、資產管理、行銷經營、勞工關係。

財經學群：會計、財務金融、經濟、國際企業、保險、財稅。

工作選擇：

政府高普考、貿易船務、業務銷售、旅遊休閒、生產管理、貿易船務、生產管理、軟體工程、軍警消防。

紫微破軍在未：

命宮地支未，主星紫微、破軍的人，是一個可以享受享福，有創意藝術特質的領導者，很適合從事宗教命理、心理學哲

紫微斗數 算你好工作

學這類的領導者，有著宗教玄學大師的風範。

科系選擇：

藝術學群：美術、音樂、舞蹈、表演藝術、藝術與設計。
社會與心理學群：心理、輔導、社會工作、犯罪防治、宗教。

工作選擇：

政府高普考、行銷廣告、教育輔導、藝術設計、傳播藝術、軟體工程、工程研發、宗教命理。

天機星組合

天機在丑：

命宮地支丑，主星天機的人，個性上非常執著，擁有想法細膩且思慮很深的特質，通常在專業領域中，是一個拼命努力，做事埋頭苦幹，凡事事必躬親的工程師，建議走向專業鑽研的領域。

科系選擇：

資訊學群：資訊工程、資訊管理、數位設計、圖書資訊。

工程學群：電機電子、機械、土木、化工、材料、科技。

數理化學群：數學、物理、化學、統計、科學教育、自然科學。

工作選擇：

政府高普考、經營幕僚、財務會計、教育輔導、軟體工程、工程研發、化工研發、營建規劃、製圖測量、學術研究。

天機在未：

命宮地支未，主星天機的人，是一個想得非常多的軍師，在規劃事情上比別人都還要仔細，平常也喜歡天馬行空，此種個性很適合從事宗教、命理、心理學、哲學，甚至於電腦軟硬體方面的專家。

科系選擇：

資訊學群：資訊工程、資訊管理、數位設計、圖書資訊。

工程學群：電機電子、機械、土木、化工、材料、科技。

社會與心理學群：心理、輔導、社會、犯罪防治、兒童與家庭、宗教。

工作選擇：

　　政府高普考、經營幕僚、教育輔導、軟體工程、工程研發、化工研發、生技研發、營建規劃、學術研究、宗教命理。

天機太陰在寅：

　　命宮地支寅，主星天機、太陰的人，是一個很活躍的才子才女，除了心思細膩以外，更有著藝術特質和母愛特質，多才多藝的他在人際關係方面可以兼顧的很好，是個貴人運很旺盛的命格。

科系選擇：

教育學群：教育、公民教育、幼教、特教、社教。

社會與心理學群：心理、輔導、社會、犯罪防治、兒童與家庭、宗教。

藝術學群：美術、音樂、舞蹈、雕塑、藝術與設計。

工作選擇：

　　政府高普考、經營幕僚、財務會計、美容美髮、教育輔導、宗教命理、藝術設計、傳播藝術、文字編輯、學術

研究。

太天
陰機
△△

命宮　申

天機太陰在申：

　　命宮地支申，主星天機、太陰的人，是一個典型非常有創意、有美感且有藝術特質的才子才女，很適合從事各種藝術的設計師，舉凡詞曲創作、美容美髮以及文創產業，都會有非凡的成就。

科系選擇：

大眾傳播學群：大眾傳播、新聞、廣播電視、廣告、電影。

藝術學群：美術、音樂、舞蹈、雕塑、藝術與設計。

工作選擇：

　　政府高普考、經營幕僚、財務會計、美容美髮、教育輔導、宗教命理、藝術設計、傳播藝術、文字編輯、學術研究。

| 巨天 |
| 門機 |
| ◎◎ |
| 命宮　　卯 |

天機巨門在卯：

　　命宮地支卯，主星天機、巨門的人，每天都在學習成長進步，喜歡交友，是個擁有穩健台風、做事又深謀遠慮的孫悟空，適合各行各業的專業老師格局。

科系選擇：

工程學群：電機電子、機械工程、土工、化工、材料、科技。

資訊學群：資訊工程、資訊管理、數位設計、圖書資訊。

大眾傳播學群：大眾傳播、新聞、廣播電視、廣告、電影。

工作選擇：

　　政府高普考、業務銷售、產品企劃、客戶服務、工程研發、營建規劃、傳媒採訪、學術研究、宗教命理、教育輔導、旅遊休閒。

天機巨門在酉：

　　命宮地支酉，主星天機、巨門的人，是一個典型善於評論，以及辯論的細膩孫

悟空格局，善於鼓動群眾、影響他人，這點特質在媒體的政論、政治的反對黨、電影的評論都很適合。

科系選擇：

法政學群：法律、政治、外交、行政管理。
資訊學群：資訊工程、資訊管理、數位設計、圖書資訊。
大眾傳播學群：大眾傳播、新聞、廣播電視、廣告、電影。

工作選擇：

政府高普考、法務智財、業務銷售、產品企劃、工程研發、營建規劃、傳媒採訪、學術研究、宗教命理、教育輔導。

天機天梁在辰：

命宮地支辰，主星天機、天梁的人，是一個很努力，很細膩且善良的專業者，本身有想法，思慮周密，相當適合在軍公教、財務會計以及宗教命理擔任一個精神領袖，指揮領導大家正確的方向。

科系選擇：

財經學群：會計、財務金融、經濟、國際企業、保險、財稅。

社會與心理學群：心理、輔導、社會工作、犯罪防治、兒童與家庭、宗教。

工作選擇：

　　政府高普考、經營幕僚、產品企劃、教育輔導、貿易船務、工程研發、財務會計、宗教命理、醫療專業。

天機天梁在戌：

　　命宮地支戌，主星天機、天梁的人，是一個好奇心很強，會解剖所有人事地物的孫悟空，可成為一個鑑定家，刑事鑑定、解剖，甚至於媒體、記者、解剖真相的媒體業，找出真相。

科系選擇：

大眾傳播學群：大眾傳播、新聞、廣播電視、廣告、電影。

社會與心理學群：心理、輔導、社會工作、犯罪防治、兒

童與家庭、宗教。

工作選擇：

政府高普考、經營幕僚、產品企劃、教育輔導、貿易船務、工程研發、傳媒採訪、學術研究、財務會計、宗教命理、醫療專業。

天機△ 巳

命宮

天機在巳：

命宮地支巳，主星天機的人，是一個很求完美，也很細膩的專業老師格局，他可以很深入仔細地研究事物，也可以表現自我的專業才能，所以專業的工程師、教育家非他莫屬。

科系選擇：

資訊學群：資訊工程、資訊管理、數位設計、圖書資訊。

工程學群：電機電子、機械工程、土工、化工、材料、科技。

數理化學群：數學、物理、化學、統計、自然科學。

工作選擇：

政府高普考、經營幕僚、財務會計、教育輔導、工程研發、化工研發、營建規劃、製圖測量、學術研究、醫療

專業。

天機在亥：

命宮地支亥，主星天機的人，是一個有藝術特質的專業幕僚，適合從事幕後協助的工作，大概方向可朝宗教命理、心理學哲學的作家，或者是表演舞台的幕後音響、攝影燈光等這類專業者。

科系選擇：

藝術學群：美術、音樂、舞蹈、表演藝術、雕塑、藝術與設計。

社會與心理學群：心理、輔導、社會工作、犯罪防治、兒童與家庭、宗教。

工作選擇：

政府高普考、經營幕僚、教育輔導、軟體工程、工程研發、化工研發、藝術設計、文字編輯、學術研究、宗教命理。

天機
◎
命宮　　子

天機在子：

　　命宮地支子，主星天機的人，是非常聰明又細膩的孫悟空，是一個很適合鑽研的科學家，對於探索未來、評鑑過去、電腦工程、動畫設計，在這類需要想像和創意的工作上，是十足的專業工程師。

科系選擇：

資訊學群：資訊工程、資訊管理、數位設計、圖書資訊。

工程學群：電機電子、機械工程、土工、化工、材料、科技。

社會與心理學群：心理、輔導、社會工作、犯罪防治、兒童與家庭、宗教。

工作選擇：

　　政府高普考、經營幕僚、財務會計、教育輔導、工程研發、化工研發、營建規劃、製圖測量、學術研究、宗教命理。

天機在午：

命宮地支午，主星天機的人，是一個有領導統御的能力，同時心思也很細膩的專業者，可以成為一個領域的專業領導人，能力上文武全才，文案規劃和軍警運動都有很好的表現，是一個魅力很強的人。

科系選擇：

工程學群：電機電子、機械工程、土工、化工、材料、科技。

管理學群：企業管理、運輸與物流管理、資產管理、行銷經營、勞工關係。

工作選擇：

政府高普考、經營幕僚、財務會計、行銷廣告、產品企劃、專案管理、工程研發、化工研發、營建規劃、學術研究。

太陽星組合

太陽○

命宮　巳

太陽在巳：

　　命宮地支巳，主星太陽的人，是個非常求完美又專業的領導者，很適合組織領導，在某個專業領域上帶領他人，也是一個文武全才的人，在軍公教大企業，通常會有很大的成就。

科系選擇：

外語學群：英語、歐洲語文、日本語文、東方語文、應用語文、英語教育。

管理學群：企業管理、運輸與物流管理、資產管理、行銷經營、勞工關係。

工作選擇：

　　政府高普考、人力資源、門市管理、專案管理、旅遊休閒、客戶服務、教育輔導。

太陽在亥：

　　命宮地支亥，主星太陽的人，是一個擁有藝術特質且勇於表現自己的人，很適合從事表演藝術、宗教命理、與人高接觸的服務業等等..這類方向的工作，是個很有舞台魅力的人。

科系選擇：

藝術學群：美術、音樂、舞蹈、表演藝術、雕塑、藝術與設計。

社會與心理學群：心理、輔導、社會工作、犯罪防治、兒童與家庭、宗教。

工作選擇：

　　業務銷售、行銷廣告、旅遊休閒、客戶服務、美容美髮、教育輔導、藝術設計、傳媒採訪、宗教命理。

太陽在子：

　　命宮地支子，主星太陽的人，是個非常細膩的專業者，文武全才，但偏向幕僚行政、研究這類的特質，很適合從事古文

物鑑賞家這類的行業，能反覆推敲找到事物價值所在。

科系選擇：

數理化學群：數學、物理、化學、科學教育、自然科學。

藝術學群：美術、音樂、舞蹈、表演藝術、藝術與設計。

社會與心理學群：心理、輔導、社會工作、犯罪防治、宗教。

工作選擇：

業務銷售、行銷廣告、旅遊休閒、客戶服務、美容美髮、教育輔導、藝術設計、傳媒採訪、學術研究。

太陽在午：

命宮地支午，主星太陽的人，是個名揚四海、呼風喚雨的領導者，常到各地跑動出差，忙碌於工作交際，很適合從事政治和社團領導，也是一個為公眾服務的地方官員。

科系選擇：

管理學群：企業管理、運輸與物流管理、資產管理、行銷經營、勞工關係。

外語學群：英語、歐洲語文、日本語文、應用語文。

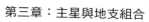

法政學群：法律、政治、外交、行政管理。

工作選擇：

　　政府高普考、貿易船務、人力資源、門市管理、專案管理、旅遊休閒、客戶服務、教育輔導、業務銷售。

太陽太陰在丑：

　　命宮地支丑，主星太陽、太陰的人，是一個很拼命務實且多才多藝的人，具有柔和細膩的外表，人際關係佳，可以從事藝術美學、文學創作等等這類的領導者，將會有不錯的工作表現。

科系選擇：

藝術學群：美術、音樂、舞蹈、表演藝術、藝術與設計。
數理化學群：數學、物理、化學、統計、科學教育、自然科學。

工作選擇：

　　政府高普考、教育輔導、業務銷售、藝術設計、傳播藝術、傳媒採訪、學術研究、文字編輯、工程研發。

太太
陰陽
✕△

命宮　未

太陽太陰在未：

　　命宮地支未，主星太陰、太陽的人，是個思慮很深、想很多的專業領導者，很懂得體悟人性而進一步幫助他人，適合從事宗教命理、心理學哲學，這類與心靈玄學相關的工作。

科系選擇：

社會與心理學群：心理、輔導、社會工作、犯罪防治、宗教。

數理化學群：數學、物理、化學、統計、科學教育、自然科學。

藝術學群：美術、音樂、舞蹈、表演藝術、藝術與設計。

工作選擇：

　　政府高普考、教育輔導、藝術設計、傳播藝術、傳媒採訪、學術研究、文字編輯、工程研發、宗教命理。

巨太
門陽
◎◎

命宮　寅

太陽巨門在寅：

　　命宮地支寅，主星太陽、巨門的人，是一個很活躍，廣結善緣的一個領導者，專業的口才和穩健的台風可獲得台下不少

掌聲，可從事軍警法醫公教以及各類型的老師，具有很好的口才。

科系選擇：

大眾傳播學群：大眾傳播、新聞、廣播電視、廣告、電影。

法政學群：法律、政治、外交、行政管理。

工作選擇：

　　政府高普考、教育輔導、法務智財、旅遊休閒、客戶服務、傳媒採訪、運輸物流、業務銷售、軍警消防。

```
巨太
門陽
◎△

命宮　申
```

太陽巨門在申：

　　命宮地支申，主星太陽、巨門的人，是個典型善於辯論、言語衝撞、直言不諱的領導者，非常適合從事立委、議員、民意代表、法官律師、以及反對黨的發言人，能為民發聲打抱不平。

科系選擇：

大眾傳播學群：大眾傳播、新聞、廣播電視、廣告、電影。

法政學群：法律、政治、外交、行政管理。

政府高普考、教育輔導、法務智財、旅遊休閒、客戶服務、傳媒採訪、運輸物流、業務銷售、軍警消防。

太陽天梁在卯：

命宮地支卯，主星太陽、天梁的人，肯學習上進，是個很善良的領導者，非常適合從事大文官、教育家、宗教家、慈善家等等這類的特質，不斷地幫助他人，充滿著大愛的精神。

工作選擇：

醫藥衛生學群：醫學、牙醫、中醫、營養保健、護理、藥學、呼吸治療、獸醫、衛生教育。

社會與心理學群：心理、輔導、社會工作、犯罪防治、兒童與家庭、宗教。

工作選擇：

政府高普考、人力資源、門市管理、生產管理、宗教命理、教育輔導、醫療專業、客戶服務。

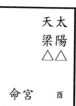

太陽天梁在酉：

命宮地支酉，主星太陽、天梁的人，是一個典型喜歡喚醒世人的神父牧師、看守所裡的教化訓管人員，喜歡教育和改變他人，擁有很好的感化他人的精神和能力。

科系選擇：

社會與心理學群：心理、輔導、社會工作、犯罪防治、兒童與家庭、宗教。

教育學群：教育、公民教育、幼兒教育、特殊教育、社會工作、社會教育。

工作選擇：

政府高普考、人力資源、宗教命理、教育輔導、醫療專業、軍警消防。

太陽在辰：

命宮地支辰，主星太陽的人，因為其企圖心欲望很高，擁有想環遊世界的衝勁，不斷地出外交朋友和工作，是一個全世界到處跑的外交官、台商這類特質的人。

科系選擇：

外語學群：英語、歐洲語文、日本語文、東方語文、應用語文、英語教育。

管理學群：企業管理、運輸與物流管理、資產管理、行銷經營、勞工關係。

工作選擇：

政府高普考、貿易船務、業務銷售、人力資源、門市管理、專案管理、旅遊休閒。

太陽在戌：

命宮地支戌，主星太陽的人，是一個很負責任，堅守崗位的專業人士，做事情認真忠誠，非常適合軍警、外語老師、刑事鑑定等等的工作。

科系選擇：

外語學群：英語、歐洲語文、日本語文、東方語文、應用語文、英語教育。

數理化學群：數學、物理、化學、統計、科學教育、自然科學。

太陽
×

命宮　戌

工作選擇：

　　門市管理、專案管理、生產管理、行銷廣告、旅遊休閒、客戶服務、學術研究。

武曲星組合

武曲在辰：

　　命宮地支辰，主星武曲的人，企圖心欲望非常的大，很容易在國內外跑來跑去，通常會有賺大錢的格局，做事情非常執著，也非常地努力，當然因此容易跟家人聚少離多，也須小心生活上的細節反應較慢。

科系選擇：

財經學群：會計、財務金融、經濟、國際企業、保險、財稅。

管理學群：企業管理、運輸與物流管理、資產管理、行銷經營、勞工關係。

工作選擇：

　　行政總務、財務會計、法務智財、業務銷售、專案管理、維修服務、軟體工程、工程研發、化工研發、運輸物

流。

武曲在戌：

命宮地支戌，主星武曲的人，是個非常負責任，甚至將許多事情都攬在身上的拼命努力之人，會照顧家人，在工作職場簡稱是拼命三郎的一個人，但需要注意生活上的小細節會比較遲鈍一點。

科系選擇：

財經學群：會計、財務金融、經濟、國際企業、保險、財稅。

數理化學群：數學、物理、化學、統計、科學教育、自然科學。

工作選擇：

政府高普考、行政總務、財務會計、法務智財、業務銷售、專案管理、維修服務、軟體工程、工程研發、化工研發、學術研究。

武曲破軍在巳：

　　命宮地支巳，主星武曲、破軍的人，做事情非常求完美，很喜歡教育教化、規定他人，有創意也很拼命努力的工作，通常在軍公教會有一番成就，建議培養一技之長。

科系選擇：

遊憩與運動學群： 觀光事業、餐旅管理、休閒管理、體育、運動管理、體育推廣、運動保健。

教育學群： 教育、公民教育、幼兒教育、特殊教育、社會工作、社會教育。

工作選擇：

　　政府高普考、行銷廣告、產品企劃、旅遊休閒、美容美髮、軟體工程、工程研發、化工研發、運輸物流、醫療專業、餐飲專業、軍警消防。

武曲破軍在亥：

　　命宮地支亥，主星武曲、破軍的人，是一個很內向、有創意且低調的人，通常不會喜歡強出頭，但是會默默的耕耘，將

自己保護好，適合從事藝術、特殊才藝領域的工作者。

科系選擇：

遊憩與運動學群：觀光事業、餐旅管理、休閒管理、體育、運動管理、體育推廣、運動保健。

藝術學群：美術、音樂、舞蹈、表演藝術、雕塑、藝術與設計。

工作選擇：

行銷廣告、產品企劃、旅遊休閒、美容美髮、軟體工程、工程研發、化工研發、藝術設計、傳播藝術、傳媒採訪。

武曲天府在子：

命宮地支子，主星武曲、天府的人，是一個很努力賺錢的人，也很拼命學習，非常地細心，也是屬於多才多藝這類型的人，行事低調，會把錢藏在庫房裡面的人，缺點是做事有些反反覆覆的特質。

科系選擇：

財經學群：會計、財務金融、經濟、國際企業、保險、財

稅。

數理化學群： 數學、物理、化學、統計、科學教育、自然科學。

工作選擇：

政府高普考、行政總務、財務會計、經營幕僚、法務智財、門市管理、產品企劃、專案管理、軟體工程、工程研發、化工研發、營建規劃、教育輔導、文字編輯、醫療專業。

天武
府曲
○○

命宮　午

武曲天府在午：

命宮地支午，主星武曲、天府的人，是一個非常霸氣的工作狂，通常會很拼命地賺錢，是一個做大事、做大官、賺大錢之人，但是由於個性上較為霸氣，須稍微注意人際關係。

科系選擇：

財經學群： 會計、財務金融、經濟、國際企業、保險、財稅。

管理學群： 企業管理、運輸與物流管理、資產管理、行銷經營、勞工關係。

工作選擇：

政府高普考、行政總務、財務會計、經營幕僚、法務智財、門市管理、產品企劃、專案管理、生產管理、營建規劃、軍警消防。

貪武
狼曲
◎◎

命宮　丑

武曲貪狼在丑：

命宮地支丑，主星武曲、貪狼的人，是一個非常節儉，忙於努力賺大錢的人，屬於晚年才會發達的人，中年後逐漸展露頭角而成功，財富事業不是問題，但有時會有節儉到甚至吝嗇的情況。

科系選擇：

財經學群：會計、財務金融、經濟、國際企業、保險、財稅。

數理化學群：數學、物理、化學、統計、科學教育、自然科學。

工作選擇：

行政總務、財務會計、經營幕僚、法務智財、門市管理、產品企劃、專案管理、生產管理、營建規劃、軍警消

防。

武曲貪狼在未：

　　命宮地支未，主星武曲、貪狼的人，是一個很享受享福，喜歡穿好吃好，但也拼命努力賺錢的人，他的拼命是為了可以未來有更好的生活品質，所以反而比較需要注意理財以及花錢的狀態。

科系選擇：

財經學群：會計、財務金融、經濟、國際企業、保險、財稅。

藝術學群：美術、音樂、舞蹈、表演藝術、雕塑、藝術與設計。

工作選擇：

　　政府高普考、行政總務、財務會計、經營幕僚、法務智財、美容美髮、藝術設計、傳播藝術、傳媒採訪、學術研究、宗教命理。

武曲

天相

◎△

命宮　寅

武曲天相在寅：

　　命宮地支寅，主星武曲、天相的人，是一個協調力強，人際關係非常好的人，很願意幫助他人，但也因此卡在人的因素，所以在工作、人際關係兩者間會呈現疲於奔命，財進財出的狀態，建議多保留時間給自己。

科系選擇：

大眾傳播學群：大眾傳播、新聞、廣播電視、廣告、電影。

遊憩與運動學群：觀光事業、餐旅管理、休閒管理、體育、運動管理、體育推廣、運動保健。

工作選擇：

　　政府高普考、業務銷售、門市管理、行銷廣告、產品企劃、專案管理、旅遊休閒、客戶服務、美容美髮、維修服務、教育輔導、傳播藝術、傳媒採訪、醫療專業。

武曲天相在申：

　　命宮地支申，主星武曲、天相的人，是一個較爲叛逆帶有創意改革精神的人，很適合做律師，法官這類的人格特質，當然也是因爲協調性高，所以從事與人接觸的工作行業是很好的選擇。

科系選擇：

法政學群：法律、政治、外交、行政管理。
遊憩與運動學群：觀光事業、餐旅管理、休閒管理、體育、運動管理、體育推廣、運動保健。

工作選擇：

　　法務智財、業務銷售、行銷廣告、產品企劃、專案管理、客戶服務、美容美髮、維修服務、教育輔導、傳播藝術、傳媒採訪、醫療專業。

武曲七殺在卯：

　　命宮地支卯，主星武曲、七殺的人，是一個很努力拼命於學習的人，個性上又充滿了企圖欲望，所以也很適合國內外跑

來跑去的業務工作,或是從事專業教育的人。

科系選擇:

外語學群:英語、歐洲語文、日本語文、東方語文、應用語文、英語教育。

數理化學群:數學、物理、化學、統計、科學教育、自然科學。

工作選擇:

　　行政總務、財務會計、業務銷售、行銷廣告、貿易船務、產品企劃、旅遊休閒、美容美髮、教育輔導、藝術設計、傳播藝術、傳媒採訪、學術研究、醫療專業。

武曲七殺在酉:

　　命宮地支酉,主星武曲、七殺的人,是一個性格上很叛逆,有時較堅持自我,企圖心強烈的人,此類的人格特質非常適合從事軍警運動員,以及嚴厲的教育家。

科系選擇:

遊憩與運動學群:觀光事業、餐旅管理、休閒管理、體育、運動管理、體育推廣、運動保健。

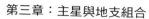

外語學群：英語、歐洲語文、日本語文、東方語文、應用語文、英語教育。

工作選擇：

行政總務、財務會計、業務銷售、行銷廣告、貿易船務、產品企劃、旅遊休閒、美容美髮、教育輔導、傳媒採訪、學術研究、醫療專業、軍警消防。

天同星組合

	天同 △
命宮	卯

天同在卯：

命宮地支卯，主星天同的人，很勤於學習，多才多藝，非常具有魅力的一個人，很重情甚至帶點多情，是一個很可愛的宣傳家、推廣教育家。

科系選擇：

醫藥衛生學群：醫學、牙醫、中醫、營養保健、護理、藥學、呼吸治療、獸醫、衛生教育。

教育學群：教育、公民教育、幼兒教育、特殊教育、社會工作、社會教育。

工作選擇：

政府高普考、業務銷售、行銷廣告、旅遊休閒、客戶服務、美容美髮、軟體工程、工程研發、化工研發、教育輔導、藝術設計、傳媒採訪、學術研究、醫療專業。

天同 △	
命宮	酉

天同在酉：

命宮地支酉，主星天同的人，是一個有創意的小可愛，很努力的工作，也會很努力的享福，很適合從事教學教育、顧問師這類的工作行業。

科系選擇：

教育學群：教育、公民教育、幼兒教育、特殊教育、社會科教育、社會教育。

社會與心理學群：心理、輔導、社會工作、犯罪防治、兒童與家庭、宗教。

工作選擇：

政府高普考、業務銷售、行銷廣告、客戶服務、美容美髮、軟體工程、工程研發、化工研發、教育輔導、藝術設計、傳媒採訪、學術研究、醫療專業。

天同在辰：

命宮地支辰，主星天同的人，是一個企圖心欲望非常大的商人格，很具有專業素養，很奔波，會是一個可以環遊世界或成為台商的專業工程師。

科系選擇：

財經學群：會計、財務金融、經濟、國際企業、保險、財稅。

外語學群：英語、歐洲語文、日本語文、東方語文、應用語文、英語教育。

工作選擇：

業務銷售、行銷廣告、旅遊休閒、客戶服務、美容美髮、軟體工程、工程研發、化工研發、貿易船務、藝術設計、傳媒採訪、學術研究、醫療專業。

天同在戌：

命宮地支戌，主星天同的人，很重視親情、家人，是一個典型所有家人的保姆，非常適合從事兒童教育、傳播媒體的

專業人士，能夠帶給人歡樂和溫暖。

科系選擇：

教育學群：教育、公民教育、幼兒教育、特殊教育、社會科教育、社會教育。

大眾傳播學群：大眾傳播、新聞、廣播電視、廣告、電影。

工作選擇：

政府高普考、業務銷售、行銷廣告、客戶服務、美容美髮、軟體工程、工程研發、化工研發、教育輔導、藝術設計、傳媒採訪、學術研究、醫療專業。

天同在巳：

命宮地支巳，主星天同的人，是一個很重視自我地位的幕僚長，自尊心很強，會把事情做好的一個人，同時間也很注意人際關係，是一個典型在軍公教政府機關大企業的好官。

科系選擇：

藝術學群：美術、音樂、舞蹈、表演藝術、藝術與設計。

數理化學群：數學、物理、化學、統計、科學教育、自然

科學。

工作選擇：

　　政府高普考、行銷廣告、旅遊休閒、客戶服務、美容美髮、軟體工程、工程研發、化工研發、藝術設計、傳播藝術、文字編輯、傳媒採訪、教育輔導、學術研究、醫療專業。

天同在亥：

　　命宮地支亥，主星天同的人，是一個典型很可愛的小乳豬，很重視親情、友情、愛情，非常適合從事藝術、表演等等的專業人士，能夠有很好的工作表現。

科系選擇：

藝術學群：美術、音樂、舞蹈、表演藝術、藝術與設計。
社會與心理學群：心理、輔導、社會工作、犯罪防治、兒童與家庭、宗教。

工作選擇：

　　政府高普考、行銷廣告、旅遊休閒、客戶服務、美容美髮、軟體工程、工程研發、化工研發、藝術設計、傳播

藝術、文字編輯、傳媒採訪、學術研究、醫療專業、宗教命理。

太天
陰同
○○

命宮　子

天同太陰在子：

　　命宮地支子，主星天同、太陰的人，是一個感情非常豐富的人，很聰明且工作能力強，但是一旦碰到感情事，很容易為情所傷，這點必須想得開並做調適，工作上才能有所突破。

科系選擇：

藝術學群：美術、音樂、舞蹈、表演藝術、藝術與設計。
財經學群：會計、財務金融、經濟、國際企業、保險、財稅。

工作選擇：

　　政府高普考、行銷廣告、客戶服務、美容美髮、軟體工程、工程研發、化工研發、藝術設計、傳播藝術、文字編輯、傳媒採訪、教育輔導、學術研究、醫療專業、宗教命理。

天同太陰在午：

　　命宮地支午，主星天同、太陰的人，是一個帶霸氣，很拼命工作的一個人，但由於感情豐富，會把事情藏在內心不擅表達，擁有聰明努力的企業家特質，一步一腳印肯吃苦肯努力。

科系選擇：

藝術學群：美術、音樂、舞蹈、表演藝術、藝術與設計。
財經學群：會計、財務金融、經濟、國際企業、保險、財稅。

工作選擇：

　　業務銷售、行銷廣告、美容美髮、軟體工程、工程研發、化工研發、藝術設計、傳播藝術、文字編輯、傳媒採訪、教育輔導、學術研究、醫療專業。

天同巨門在丑：

　　命宮地支丑，主星巨門、天同的人，是一個非常拼命的天同，很節儉又很努力的工作，具有專業素養的企業家特質，能

不斷儲蓄累積財富。

科系選擇：

管理學群：企業管理、運輸與物流管理、資產管理、行銷經營、勞工關係。

財經學群：會計、財務金融、經濟、國際企業、保險、財稅。

工作選擇：

政府高普考、行政總務、財務會計、經營幕僚、法務智財、門市管理、產品企劃、生產管理、軟體工程、工程研發、化工研發、教育輔導、學術研究、醫療專業。

天同巨門在未：

命宮地支未，主星巨門、天同的人，是一個想太多、過於慎思熟慮且稍負面的人，容易天馬行空胡思亂想，很適合從事哲學、心理學、宗教命理這類行業較適合，具有這方面的天分。

科系選擇：

社會與心理學群：心理、輔導、社會工作、犯罪防治、兒

130

童與家庭、宗教。

藝術學群：美術、音樂、舞蹈、表演藝術、藝術與設計。

工作選擇：

政府高普考、行政總務、財務會計、經營幕僚、法務智財、軟體工程、工程研發、化工研發、教育輔導、學術研究、醫療專業、宗教命理。

天同天梁在寅：

命宮地支寅，主星天梁、天同的人，是一個人緣很好，相當善良，貴人運很旺盛的人，會得到長輩相助的運勢，但小心容易成為一個濫好人，需對自己好一些，多保護自我避免受他人利用傷害。

科系選擇：

社會與心理學群：心理、輔導、社會工作、犯罪防治、兒童與家庭、宗教。

醫藥衛生學群：醫學、牙醫、中醫、營養保健、護理、藥學、呼吸治療、獸醫、衛生教育。

工作選擇：

　　政府高普考、經營幕僚、法務智財、業務銷售、行銷廣告、客戶服務、美容美髮、軟體工程、工程研發、化工研發、教育輔導、學術研究、醫療專業、宗教命理。

天天
梁同
ＸＯ

命宮　申

天同天梁在申：

　　命宮地支申，主星天梁、天同的人，是一個比較叛逆、愛惡作劇，說話不得體的小可愛，比較要注意談話的內容以及場合的適當性，否則很善良的你，非常容易被誤解而遭致小人。

科系選擇：

醫藥衛生學群：醫學、牙醫、中醫、營養保健、護理、藥學、呼吸治療、獸醫、衛生教育。

大眾傳播學群：大眾傳播、新聞、廣播電視、廣告、電影。

工作選擇：

　　政府高普考、經營幕僚、業務銷售、行銷廣告、客戶服務、美容美髮、軟體工程、工程研發、化工研發、教育

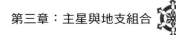

輔導、學術研究、醫療專業、宗教命理。

廉貞星組合

廉貞天相在子：

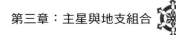

命宮地支子，主星天相、廉貞的人，是一個非常細心且努力學習的人格特質，很適合從事宗教命理、心理學哲學，甚至於古典文學，這類教育方面的工作，會有很好的表現。

科系選擇：

社會與心理學群：心理、輔導、社會工作、犯罪防治、兒童與家庭、宗教。

藝術學群：美術、音樂、舞蹈、表演藝術、藝術與設計。

工作選擇：

政府高普考、經營幕僚、法務智財、業務銷售、門市管理、行銷廣告、專案管理、客戶服務、美容美髮、生產管理、藝術設計、傳播藝術、文字編輯、傳媒採訪、學術研究、宗教命理。

天廉
相貞
◎△
命宮　　午

廉貞天相在午：

　　命宮地支午，主星廉貞、天相的人，是一個非常霸氣的政治家，很努力拼命，也重視人際關係的整合，從事里長、民意代表、議員、立委這類工作相當適合，非你莫屬。

科系選擇：

法政學群：法律、政治、外交、行政管理。

管理學群：企業管理、運輸與物流管理、資產管理、行銷經營、勞工關係。

工作選擇：

　　政府高普考、法務智財、業務銷售、門市管理、行銷廣告、貿易船務、專案管理、客戶服務、美容美髮、生產管理、藝術設計、傳播藝術、傳媒採訪、運輸物流。

七廉
殺貞
◎△
命宮　　丑

廉貞七殺在丑：

　　命宮地支丑，主星廉貞、七殺的人，是一個非常拼命、企圖心欲望很高的企業家，一般來說這類特質的人，只許有錢，其餘免談，會累積龐大的財富，但是有時專注於工作而缺

少了人情味。

管理學群：企業管理、運輸與物流管理、資產管理、行銷經營、勞工關係。

財經學群：會計、財務金融、經濟、國際企業、保險、財稅。

　　法務智財、業務銷售、行銷廣告、貿易船務、專案管理、旅遊休閒、客戶服務、美容美髮、藝術設計、傳播藝術、傳媒採訪。

廉貞七殺在未：

　　命宮地支未，主星廉貞、七殺的人，是一個很拼命努力工作，也重視享樂享福的人，但是說話的直言，須注意與他人的互動。此外具有對人性探討這方面的慧根。

外語學群：英語、歐洲語文、日本語文、東方語文、應用語文、英語教育。

遊憩與運動學群：觀光事業、餐旅管理、休閒管理、體育、運動管理、體育推廣、運動保健。

工作選擇：

法務智財、業務銷售、行銷廣告、專案管理、旅遊休閒、客戶服務、美容美髮、藝術設計、傳播藝術、文字編輯、傳媒採訪、學術研究、宗教命理。

廉貞在寅：

命宮地支寅，主星廉貞的人，是一個嚴以律己，擅於溝通控制、協調群眾的人，典型外交官、外交家這類工作特質的人。

科系選擇：

法政學群：法律、政治、外交、行政管理。

藝術學群：美術、音樂、舞蹈、表演藝術、藝術與設計。

工作選擇：

政府高普考、行政總務、法務智財、業務銷售、門市管理、行銷廣告、貿易船務、產品企劃、專案管理、生產管理、營建規劃、藝術設計、傳播藝術、傳媒採訪、醫療

專業。

廉貞在申：

命宮地支申，主星廉貞的人，是一個明辨是非、黑白對錯嚴格區分執行的人，對自我要求很高，也擅於制定規則而要求他人，是具有法官、律師這類特質的人，能得其所好，而有不錯的表現。

科系選擇：

法政學群：法律、政治、外交、行政管理。
藝術學群：美術、音樂、舞蹈、表演藝術、藝術與設計。

工作選擇：

政府高普考、行政總務、法務智財、業務銷售、門市管理、行銷廣告、貿易船務、產品企劃、專案管理、生產管理、營建規劃、藝術設計、傳播藝術、傳媒採訪、醫療專業。

廉貞破軍在卯：

　　命宮地支卯，主星廉貞、破軍的人，是一個會默默學習而成長上進的人，喜歡探討未知事物，有著宗教家的天份特質，很適合從事教育、推廣的專業人士。

科系選擇：

藝術學群：美術、音樂、舞蹈、表演藝術、藝術與設計。
社會與心理學群：心理、輔導、社會工作、犯罪防治、兒童與家庭、宗教。

工作選擇：

　　政府高普考、旅遊休閒、軟體工程、工程研發、化工研發、藝術設計、傳播藝術、傳媒採訪、運輸物流、餐飲專業、農林漁牧、宗教命理。

廉貞破軍在酉：

　　命宮地支酉，主星廉貞、破軍的人，自我保護、嚴以律己，是個會發表另類特殊言論的人，通常話不多，也不愛說話，但是不說則已，一說一鳴傷人，在工作上須稍微注意用

詞。具有特殊才藝方面的天份。

藝術學群：美術、音樂、舞蹈、表演藝術、藝術與設計。
遊憩與運動學群：觀光事業、餐旅管理、休閒管理、體育、運動管理、體育推廣、運動保健。

旅遊休閒、軟體工程、工程研發、化工研發、藝術設計、傳播藝術、傳媒採訪、運輸物流、餐飲專業、軍警消防、農林漁牧。

廉貞天府在辰：

命宮地支辰，主星廉貞、天府的人，是一個敢於冒險，個性大膽拼命且想賺大錢的人，非常容易因工作需要而移民，在國外奔波的企業家。

管理學群：企業管理、運輸與物流管理、資產管理、行銷經營、勞工關係。
財經學群：會計、財務金融、經濟、國際企業、保險、財

稅。

工作選擇：

　　行政總務、財務會計、經營幕僚、法務智財、業務銷售、門市管理、貿易船務、專案管理、生產管理、營建規劃、學術研究、操作技術、軍警消防。

天廉
府貞
◎△

命宮　戌

廉貞天府在戌：

　　命宮地支戌，主星廉貞、天府的人，是一個會保護家人，也會很拼命工作賺錢的人格特質，有大財富之格，是個負責任、奔波忙碌的人。

科系選擇：

財經學群：會計、財務金融、經濟、國際企業、保險、財稅。

建築與設計學群：建築、景觀與空間設計、都市計畫、工業設計、商業設計、織品與服裝設計、造型設計。

工作選擇：

　　政府高普考、行政總務、財務會計、經營幕僚、法務智財、業務銷售、門市管理、貿易船務、專案管理、生產

管理、營建規劃、學術研究、操作技術、軍警消防。

廉貞貪狼在巳：

命宮地支巳，主星廉貞、貪狼的人，是一個很有魅力，自律甚嚴，擅於教育教化他人的廉貪，通常行事風格陽剛，極為強烈，非得注意人際關係不可。

科系選擇：

藝術學群：美術、音樂、舞蹈、表演藝術、藝術與設計。

教育學群：教育、公民教育、幼兒教育、特殊教育、社會科教育、社會教育。

工作選擇：

政府高普考、業務銷售、行銷廣告、貿易船務、產品企劃、旅遊休閒、客戶服務、美容美髮、維修服務、教育輔導、藝術設計、傳播藝術、傳媒採訪、學術研究、餐飲專業。

廉貞貪狼在亥：

　　命宮地支亥，主星廉貞、貪狼的人，感情豐富程度超越一般人，很有魅力、具有藝術、表演這方面的特質。非常地浪漫且多情，甚至多到濫情，最適合從事媒體、明星、表演藝術這類的工作。

科系選擇：

藝術學群：美術、音樂、舞蹈、表演藝術、藝術與設計。
大眾傳播學群：大眾傳播、新聞、廣播電視、廣告、電影。

工作選擇：

　　業務銷售、行銷廣告、貿易船務、產品企劃、旅遊休閒、客戶服務、美容美髮、維修服務、藝術設計、傳播藝術、文字編輯、傳媒採訪、學術研究、餐飲專業。

天府星系獨坐

天府在丑：

命宮地支丑，主星天府的人，很努力很拼命的工作，也很節儉，一般來講能文能武多才多藝，可以存到很多錢，但需小心注意有時較吝嗇些。

科系選擇：

財經學群：會計、財務金融、經濟、國際企業、保險、財稅。

管理學群：企業管理、運輸與物流管理、資產管理、行銷經營、勞工關係。

工作選擇：

政府高普考、行政總務、財務會計、經營幕僚、法務智財、門市管理、貿易船務、專案管理、生產管理、軟體工程、營建規劃、製圖測量、醫療專業。

天府在未：

　　命宮地支未，主星天府的人，想得比較多也較懶散些，個性上較保守，也是個會守成的人，通常會有很好的命運，還多了些藝術以及宗教命理的慧根。

科系選擇：

財經學群：會計、財務金融、經濟、國際企業、保險、財稅。

社會與心理學群：心理、輔導、社會工作、犯罪防治、兒童與家庭、宗教。

工作選擇：

　　政府高普考、行政總務、財務會計、經營幕僚、法務智財、門市管理、產品企劃、軟體工程、工程研發、化工研發、營建規劃、製圖測量、醫療專業、學術研究。

天府在巳：

　　命宮地支巳，主星天府的人，做事情很有原則、有條不紊，也有求完美求好的個性特質，通常擁有專業技能，很喜歡教

育教導他人，適合擔任老師這類工作。

科系選擇：

財經學群：會計、財務金融、經濟、國際企業、保險、財稅。

數理化學群：數學、物理、化學、統計、科學教育、自然科學。

工作選擇：

政府高普考、行政總務、財務會計、經營幕僚、法務智財、門市管理、專案管理、生產管理、軟體工程、營建規劃、製圖測量、教育輔導、醫療專業。

天府在亥：

命宮地支亥，主星天府的人，具有藝術特質；個性很務實，是穩定的軍公教命格。但有時做事有些散漫偏保守，一生中平安順利，貴人不斷。

科系選擇：

藝術學群：美術、音樂、舞蹈、表演藝術、藝術與設計。

數理化學群：數學、物理、化學、統計、科學教育、自然

科學。

工作選擇：

　　政府高普考、行政總務、財務會計、經營幕僚、法務智財、軟體工程、工程研發、化工研發、營建規劃、製圖測量、教育輔導、藝術設計、文字編輯、醫療專業、學術研究。

天府在卯：

　　命宮地支卯，主星天府的人，是個每天都會進步的人，很肯學習，很上進，一步一腳印認真努力的人，通常也是個多才多藝的專業者。

科系選擇：

數理化學群：數學、物理、化學、統計、科學教育、自然科學。

財經學群：會計、財務金融、經濟、國際企業、保險、財稅。

工作選擇：

　　政府高普考、行政總務、財務會計、經營幕僚、法務

146

智財、門市管理、專案管理、生產管理、軟體工程、工程研發、化工研發、營建規劃、製圖測量、藝術設計、醫療專業。

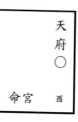

天府
○
命宮　酉

天府在酉：

　　命宮地支酉，主星天府的人，具有創意特質，個性上較為叛逆，善於發表言論，甚至於喜好發號施令，所幸也屬於務實踏實的穩重人格，比較需注意口舌是非。

科系選擇：

財經學群：會計、財務金融、經濟、國際企業、保險、財稅。

建築與設計學群：建築、景觀與空間設計、都市計畫、工業設計、商業設計、織品與服裝設計、造型設計。

工作選擇：

　　政府高普考、行政總務、財務會計、經營幕僚、法務智財、門市管理、專案管理、生產管理、軟體工程、工程研發、化工研發、營建規劃、製圖測量、藝術設計、醫療專業。

太陰在卯：

命宮地支卯，主星太陰的人，是一個比較帶悲觀、想太多，對於感情的事情太過於執著的人，比較適合走入宗教心靈以及生命科學，具有這方面的天份。

科系選擇：

藝術學群：美術、音樂、舞蹈、表演藝術、藝術與設計。

社會與心理學群：心理、輔導、社會工作、犯罪防治、兒童與家庭、宗教。

工作選擇：

政府高普考、行政總務、財務會計、行銷廣告、客戶服務、美容美髮、化工研發、教育輔導、藝術設計、傳播藝術、文字編輯、傳媒採訪、學術研究、醫療專業。

太陰在酉：

命宮地支酉，主星太陰的人，很有創意及想法，是個善於評論的藝術家，通常也可以從事文學創作，會有很新穎的想法。

科系選擇：

藝術學群：美術、音樂、舞蹈、表演藝術、藝術與設計。
建築與設計學群：建築、景觀與空間設計、都市計畫、工業設計、商業設計、織品與服裝設計、造型設計。

工作選擇：

政府高普考、行政總務、財務會計、經營幕僚、行銷廣告、客戶服務、美容美髮、化工研發、教育輔導、藝術設計、傳播藝術、文字編輯、傳媒採訪、學術研究、醫療專業。

太陰在巳：

命宮地支巳，主星太陰的人，是一個很執著且求完美的人，擁有軍公教穩定特質的命格，唯一需要特別注意的地方就是桃花較多，可能易衍生感情是非問題。

科系選擇：

藝術學群：美術、音樂、舞蹈、表演藝術、藝術與設計。
教育學群：教育、公民教育、幼兒教育、特殊教育、社會工作、社會教育。

工作選擇：

政府高普考、行政總務、財務會計、經營幕僚、行銷廣告、客戶服務、美容美髮、教育輔導、藝術設計、傳播藝術、文字編輯、傳媒採訪、學術研究、醫療專業、餐飲專業。

太陰在亥：

命宮地支亥，主星太陰的人，是一個非常聰明機靈，有能力多才多藝的女強人，若是男生會多了一份斯文之氣，比較大的缺點是有時較迷糊懶散，決定事情偶爾會出點小差錯。

科系選擇：

藝術學群：美術、音樂、舞蹈、表演藝術、藝術與設計。
社會與心理學群：心理、輔導、社會工作、犯罪防治、兒童與家庭、宗教。

工作選擇：

政府高普考、行政總務、財務會計、經營幕僚、行銷廣告、客戶服務、美容美髮、化工研發、教育輔導、藝術

設計、傳播藝術、文字編輯、學術研究、醫療專業、餐飲專業。

太陰在辰：

命宮地支辰，主星太陰的人，是非常執著、企圖心欲望很大的人，千萬不要做任何的投資以及從商，否則容易爲情而破財破官。建議從事藝術領域工作，是一個傑出的藝術家。

科系選擇：

藝術學群：美術、音樂、舞蹈、表演藝術、藝術與設計。
外語學群：英語、歐洲語文、日本語文、東方語文、應用語文、英語教育。

工作選擇：

行政總務、財務會計、經營幕僚、行銷廣告、旅遊休閒、客戶服務、美容美髮、化工研發、藝術設計、傳播藝術、文字編輯、傳媒採訪、醫療專業、運輸物流、餐飲專業。

太陰在戌：

　　命宮地支戌，主星太陰的人，對家人很負責任，對藝術、文學等等很有天分，充滿了企圖心，但是最好不要做老闆，以免善良的你會為情而破財。

科系選擇：

藝術學群：美術、音樂、舞蹈、表演藝術、藝術與設計。
財經學群：會計、財務金融、經濟、國際企業、保險、財稅。

工作選擇：

　　政府高普考、行政總務、財務會計、經營幕僚、行銷廣告、客戶服務、美容美髮、化工研發、教育輔導、藝術設計、傳播藝術、文字編輯、傳媒採訪、學術研究、醫療專業、餐飲專業。

貪狼在辰：

　　命宮地支辰，主星貪狼的人，是一個企圖心加欲望極度擴張的人，對很多事情不滿足，通常在事業以及財富上會有成

就，需比較注意桃花是非問題。

科系選擇：

遊憩與運動學群：觀光事業、餐旅管理、休閒管理、體育、運動管理、體育推廣、運動保健。

外語學群：英語、歐洲語文、日本語文、東方語文、應用語文、英語教育。

工作選擇：

人力資源、業務銷售、門市管理、行銷廣告、貿易船務、產品企劃、專案管理、旅遊休閒、客戶服務、美容美髮、維修服務、運輸物流、餐飲專業、軍警消防。

貪狼在戌：

命宮地支戌，主星貪狼的人，會因為對家人的負責以及對工作的企圖心疲於奔命，這點來說非得空出一點自我的時間，比較可以安定自己的心情，通常也是多才多藝，藝術特質很強烈的人。

科系選擇：

藝術學群：美術、音樂、舞蹈、表演藝術、藝術與設計。

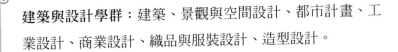

建築與設計學群：建築、景觀與空間設計、都市計畫、工業設計、商業設計、織品與服裝設計、造型設計。

工作選擇：

人力資源、業務銷售、門市管理、行銷廣告、貿易船務、產品企劃、專案管理、旅遊休閒、客戶服務、美容美髮、維修服務、運輸物流、餐飲專業、軍警消防。

貪狼△

命宮　寅

貪狼在寅：

命宮地支寅，主星貪狼的人，很有社交手腕，是旅遊達人、業務高手，喜歡到處遊玩跑動，是個具有這方面天分的人，缺點是比較需要注意桃花是非。

科系選擇：

大眾傳播學群：大眾傳播、新聞、廣播電視、廣告、電影。

遊憩與運動學群：觀光事業、餐旅管理、休閒管理、體育、運動管理、體育推廣、運動保健。

工作選擇：

政府高普考、人力資源、業務銷售、門市管理、行銷

廣告、貿易船務、產品企劃、專案管理、旅遊休閒、客戶服務、美容美髮、維修服務、運輸物流、餐飲專業、軍警消防。

貪狼在申：

　　命宮地支申，主星貪狼的人，脾氣比較暴躁、叛逆，相對地可以從事創意、媒體、包裝設計等等的藝術工作，將會是個很棒的藝術設計師。

科系選擇：

藝術學群：美術、音樂、舞蹈、表演藝術、藝術與設計。
建築與設計學群：建築、景觀與空間設計、都市計畫、工業設計、商業設計、織品與服裝設計、造型設計。

工作選擇：

　　人力資源、業務銷售、門市管理、行銷廣告、旅遊休閒、客戶服務、美容美髮、維修服務、藝術設計、傳播藝術、傳媒採訪、運輸物流、餐飲專業、軍警消防。

貪狼在子：

　　命宮地支子，主星貪狼的人，是一個非常細膩聰明，也很努力的人，會有演藝、創作文學等藝術的特質，很適合走向藝術家和與人交際的工作。

科系選擇：

藝術學群：美術、音樂、舞蹈、表演藝術、藝術與設計。
建築與設計學群：建築、景觀與空間設計、都市計畫、工業設計、商業設計、織品與服裝設計、造型設計。

工作選擇：

　　政府高普考、人力資源、業務銷售、門市管理、行銷廣告、旅遊休閒、客戶服務、美容美髮、維修服務、藝術設計、傳播藝術、傳媒採訪、運輸物流、餐飲專業、軍警消防。

貪狼在午：

　　命宮地支午，主星貪狼的人，是一個非常霸氣且重面子的人，領導特質較為明顯，很適合從事軍、警、運動員這方面的

工作。

科系選擇：

遊憩與運動學群：觀光事業、餐旅管理、休閒管理、體育、運動管理、體育推廣、運動保健。

管理學群：企業管理、運輸與物流管理、資產管理、行銷經營、勞工關係。

工作選擇：

政府高普考、人力資源、業務銷售、門市管理、行銷廣告、貿易船務、專案管理、旅遊休閒、客戶服務、美容美髮、維修服務、生產管理、運輸物流、餐飲專業、軍警消防。

天梁在丑：

命宮地支丑，主星天梁的人是一個擁有祖業、祖產，但是又很拼命工作賺錢的人，要小心千萬不要做老闆，否則很容易損失破財。

科系選擇：

財經學群：會計、財務金融、經濟、國際企業、保險、財

稅。

醫藥衛生學群：醫學、牙醫、中醫、營養保健、護理、藥學、呼吸治療、獸醫、衛生教育。

工作選擇：

　　政府高普考、經營幕僚、門市管理、產品企劃、專案管理、生產管理、軟體工程、工程研發、化工研發、營建規劃、教育輔導、學術研究、醫療專業。

天梁在未：

　　命宮地支未，主星天梁的人是一個享受享福，可以得到祖業、祖產的人，是個很有福報的命格，但是在人際上孤離的現象比較要注意。

科系選擇：

社會與心理學群：心理、輔導、社會工作、犯罪防治、兒童與家庭、宗教。

醫藥衛生學群：醫學、牙醫、中醫、營養保健、護理、藥學、呼吸治療、獸醫、衛生教育。

工作選擇：

政府高普考、經營幕僚、門市管理、產品企劃、專案管理、生產管理、軟體工程、工程研發、化工研發、營建規劃、教育輔導、文字編輯、學術研究、醫療專業。

```
┌─────────┐
│     天  │
│     梁  │
│     ◎  │
│         │
│ 命宮  子 │
└─────────┘
```

天梁在子：

命宮地支子，主星天梁的人很細膩很聰明，也是個性很穩重的大哥大、大姐頭，雖然工作能力上相當優秀，但是在感情上的執著以及孤離的運勢要特別注意。

科系選擇：

數理化學群：數學、物理、化學、統計、科學教育、自然科學。

醫藥衛生學群：醫學、牙醫、中醫、營養保健、護理、藥學、呼吸治療、獸醫、衛生教育。

工作選擇：

政府高普考、經營幕僚、門市管理、產品企劃、專案管理、生產管理、軟體工程、工程研發、化工研發、營建規劃、教育輔導、文字編輯、學術研究、醫療專業。

天梁在午：

命宮地支午，主星天梁的人是一個有領導統御能力，具有精神領袖特質的人，很適合從事政府官員，舉凡監察司法、軍警等職位高的人。

科系選擇：

管理學群：企業管理、運輸與物流管理、資產管理、行銷經營、勞工關係。

醫藥衛生學群：醫學、牙醫、中醫、營養保健、護理、藥學、呼吸治療、獸醫、衛生教育。

工作選擇：

政府高普考、經營幕僚、門市管理、產品企劃、專案管理、生產管理、軟體工程、工程研發、化工研發、營建規劃、教育輔導、學術研究、醫療專業、軍警消防。

天梁在巳：

命宮地支巳，主星天梁的人是一個很棒的老師、講師、顧問這類的教育人士，喜歡教導教育他人正確的知識概念，在缺

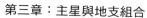

點上要注意太囉嗦太要求完美，溝通上帶點挑剔的方式，需要稍微注意改善。

科系選擇：

數理化學群：數學、物理、化學、統計、科學教育、自然科學。

教育學群：教育、公民教育、幼兒教育、特殊教育、社會科教育、社會教育。

工作選擇：

政府高普考、經營幕僚、產品企劃、軟體工程、工程研發、化工研發、營建規劃、教育輔導、學術研究、醫療專業。

天梁在亥：

命宮地支亥，主星天梁的人，是個具有藝術修養和心靈慧根的人，但重情的你常得不到周遭親友的了解，喜歡孤獨的你又無法與親友溝通，在某些時候需要改善孤獨的特質，多接受別人的建議，運勢上會更順遂。

科系選擇：

醫藥衛生學群：醫學、牙醫、中醫、營養保健、護理、藥學、呼吸治療、獸醫、衛生教育。

藝術學群：美術、音樂、舞蹈、表演藝術、藝術與設計。

工作選擇：

政府高普考、經營幕僚、門市管理、產品企劃、軟體工程、工程研發、化工研發、營建規劃、教育輔導、文字編輯、學術研究、醫療專業。

巨門在巳：

命宮地支巳，主星巨門的人是一個典型口才很好，企劃能力很強的一個教育家，很適合從事法官、律師等等特質的人，雖然具有辯解是非的能力，不過也要注意口角是非。

科系選擇：

法政學群：法律、政治、外交、行政管理。

醫藥衛生學群：醫學、牙醫、中醫、營養保健、護理、藥學、呼吸治療、獸醫、衛生教育。

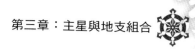

工作選擇：

政府高普考、人力資源、經營幕僚、法務智財、業務銷售、門市管理、行銷廣告、產品企劃、專案管理、客戶服務、生產管理、軟體工程、工程研發、化工研發、製程規劃、教育輔導、傳媒採訪、醫療專業、餐飲專業、軍警消防。

巨門在亥：

命宮地支亥，主星巨門的人具有宗教命理、心理學及哲學方面的天份，很慈善重情的一個聰明人，比較要注意獨居而缺乏親情、友情和愛情的照護，因人際上的事情而影響到自己工作表現。

科系選擇：

社會與心理學群：心理、輔導、社會工作、犯罪防治、兒童與家庭、宗教。
藝術學群：美術、音樂、舞蹈、表演藝術、藝術與設計。

工作選擇：

政府高普考、經營幕僚、產品企劃、客戶服務、工程

研發、化工研發、營建規劃、教育輔導、宗教命理、藝術設計、傳播藝術、文字編輯、學術研究、醫療專業、餐飲專業。

巨門在辰：

　　命宮地支辰，主星巨門的人是一個埋頭苦幹，企圖心欲望相當大的人，相當勞碌奔波，儘管你想完成的事情又大又遠，但建議千萬不要做老闆以免容易官司纏身。

科系選擇：

工程學群：電機電子、機械工程、土工、化工、材料、科技。

建築與設計學群：建築、景觀與空間設計、都市計畫、工業設計、商業設計、織品與服裝設計、造型設計。

工作選擇：

　　法務智財、門市管理、貿易船務、產品企劃、旅遊休閒、客戶服務、生產管理、軟體工程、工程研發、化工研發、製程規劃、傳媒採訪、醫療專業、餐飲專業、軍警消防。

巨門在戌：

　　命宮地支戌，主星巨門的人對家人很負責，但是又無法與家人做良性的溝通，太多的秘密藏在心中，任何人都無法了解你，比較會形成孤軍奮戰之感，最好遠離家鄉出外打拼，運勢會更旺。

科系選擇：

工程學群：電機電子、機械工程、土工、化工、材料、科技。

建築與設計學群：建築、景觀與空間設計、都市計畫、工業設計、商業設計、織品與服裝設計、造型設計。

工作選擇：

　　法務智財、門市管理、貿易船務、產品企劃、專案管理、旅遊休閒、生產管理、軟體工程、工程研發、化工研發、製程規劃、醫療專業、餐飲專業、軍警消防。

巨門	
○	
命宮	子

巨門在子：

　　命宮地支子，主星巨門的人是一個極度聰明有智慧能力的人，善於企劃、計畫、溝通和協調的角色，很適合從事鑽研性質的工作，只要接近慈善，必有成功的一天。

科系選擇：

工程學群：電機電子、機械工程、土工、化工、材料、科技。

醫藥衛生學群：醫學、牙醫、中醫、營養保健、護理、藥學、呼吸治療、獸醫、衛生教育。

工作選擇：

　　政府高普考、人力資源、經營幕僚、法務智財、業務銷售、行銷廣告、產品企劃、客戶服務、工程研發、化工研發、製程規劃、營建規劃、教育輔導、宗教命理、文字編輯、學術研究、醫療專業、餐飲專業。

巨門在午：

　　命宮地支午，主星巨門的人是一個十足霸道的君主之格，工作時會產生超強的實力，但是也具有批判的缺點，必須注意口舌上的官司是非，非常適合從事軍、警、法這類需要批判特質的職業。

科系選擇：

法政學群：法律、政治、外交、行政管理。

管理學群：企業管理、運輸與物流管理、資產管理、行銷經營、勞工關係。

工作選擇：

　　政府高普考、人力資源、法務智財、業務銷售、門市管理、行銷廣告、產品企劃、專案管理、客戶服務、生產管理、軟體工程、傳媒採訪、醫療專業、餐飲專業、軍警消防。

天相在巳：

　　命宮地支巳，主星天相的人是一個做事求完美，也善於協調溝通的人，一般做人民公僕的服務業或軍公教都再好不過，會是個受民眾愛戴的人。

科系選擇：

教育學群：教育、公民教育、幼兒教育、特殊教育、社會工作、社會教育。

大眾傳播學群：大眾傳播、新聞、廣播電視、廣告、電影。

工作選擇：

　　政府高普考、行政總務、人力資源、經營幕僚、業務銷售、門市管理、行銷廣告、專案管理、旅遊休閒、客戶服務、美容美髮、維修服務、教育輔導、傳媒採訪。

天相在亥：

　　命宮地支亥，主星天相的人是一個重情且人脈非常廣的人，通常具有藝術協調能力，但是人際關係複雜，必須要注意桃

花是非。

藝術學群：美術、音樂、舞蹈、表演藝術、藝術與設計。
大眾傳播學群：大眾傳播、新聞、廣播電視、廣告、電影。

　　政府高普考、行政總務、人力資源、經營幕僚、業務銷售、行銷廣告、專案管理、旅遊休閒、客戶服務、美容美髮、維修服務、教育輔導、藝術設計、傳播藝術、傳媒採訪。

天相在卯：

　　命宮地支卯，主星天相的人是一個默默學習、上進成長的人，非常適合軍公教幕僚穩定輔助型的行業，但是由於與人互動過多，桃花是非難免。

大眾傳播學群：大眾傳播、新聞、廣播電視、廣告、電影。

社會與心理學群：心理、輔導、社會工作、犯罪防治、兒童與家庭、宗教。

工作選擇：

政府高普考、行政總務、人力資源、經營幕僚、業務銷售、行銷廣告、旅遊休閒、客戶服務、美容美髮、維修服務、傳播藝術、傳媒採訪、宗教命理。

| 天相 |
| × |
| 命宮　　酉 |

天相在酉：

命宮地支酉，主星天相的人是一個典型帶叛逆，行為上反傳統、我行我素的人，通常已不具有溝通協調的特質，但是忠心耿耿的你，必定有大貴人相助。

科系選擇：

大眾傳播學群：大眾傳播、新聞、廣播電視、廣告、電影。

建築與設計學群：建築、景觀與空間設計、都市計畫、工業設計、商業設計、織品與服裝設計、造型設計。

工作選擇：

政府高普考、行政總務、業務銷售、行銷廣告、旅遊

休閒、客戶服務、美容美髮、維修服務、傳播藝術、傳媒採訪。

天相在丑：

命宮地支丑，主星天相的人是一個可靜可動，可努力又可享受，會做事又會做人的完美天相，通常具有幫夫幫妻的特質，很適合從事服務業。

科系選擇：

大眾傳播學群：大眾傳播、新聞、廣播電視、廣告、電影。

管理學群：企業管理、運輸與物流管理、資產管理、行銷經營、勞工關係。

工作選擇：

政府高普考、行政總務、人力資源、經營幕僚、業務銷售、行銷廣告、專案管理、旅遊休閒、客戶服務、維修服務、生產管理、教育輔導、傳播藝術、傳媒採訪。

天相在未：

　　命宮地支未，主星天相的人是一個享受享福，帶點懶散，有時候可能會光說不練的人，但通常很有福氣，很多貴人協助的命格。

科系選擇：

藝術學群：美術、音樂、舞蹈、表演藝術、藝術與設計。
社會與心理學群：心理、輔導、社會工作、犯罪防治、兒童與家庭、宗教。

工作選擇：

　　政府高普考、行政總務、人力資源、經營幕僚、業務銷售、行銷廣告、旅遊休閒、客戶服務、美容美髮、維修服務、教育輔導、藝術設計、傳播藝術、傳媒採訪、宗教命理。

七殺在寅：

　　命宮地支寅，主星七殺的人是一個會做人又會做事，全世界走到哪都有好朋友的人，動力十足，充滿了企圖心欲望，有

高官顯貴的命格。

科系選擇：

外語學群：英語、歐洲語文、日本語文、東方語文、應用語文、英語教育。

大眾傳播學群：大眾傳播、新聞、廣播電視、廣告、電影。

工作選擇：

　　政府高普考、業務銷售、門市管理、貿易船務、專案管理、旅遊休閒、生產管理、教育輔導、營建規劃、醫療專業、運輸物流、餐飲專業、軍警消防。

七殺在申：

　　命宮地支申，主星七殺的人很容易是一個離鄉背井，帶叛逆反傳統且奔波的命格，通常事業運很旺盛，但比較要注意婚姻上的問題，本身具有獨特魅力而會有些桃花是非。

科系選擇：

遊憩與運動學群：觀光事業、餐旅管理、休閒管理、體育、運動管理、體育推廣、運動保健。

藝術學群：美術、音樂、舞蹈、表演藝術、藝術與設計。

工作選擇：

業務銷售、行銷廣告、貿易船務、旅遊休閒、美容美髮、營建規劃、藝術設計、傳播藝術、醫療專業、運輸物流、餐飲專業、軍警消防。

七殺
○

命宮　子

七殺在子：

命宮地支子，主星七殺的人是一個思慮較反反覆覆，但又帶霸氣的火車頭，通常旁邊的人時常搞不清楚你的決定是什麼，建議要擁有老二主義、經營自我的概念，比較適合有依賴感的你。

科系選擇：

藝術學群：美術、音樂、舞蹈、表演藝術、藝術與設計。
建築與設計學群：建築、景觀與空間設計、都市計畫、工業設計、商業設計、織品與服裝設計、造型設計。

工作選擇：

業務銷售、門市管理、貿易船務、專案管理、旅遊休閒、生產管理、工程研發、營建規劃、學術研究、醫療專

業、運輸物流、餐飲專業、軍警消防。

七殺在午：

命宮地支午，主星七殺的人是一個典型行事作風霸氣的軍、警、法、醫等職位高的人員，當然你因為說話較直言，還是要注意口舌是非，小人傷害。

科系選擇：

法政學群：法律、政治、外交、行政管理。
管理學群：企業管理、運輸與物流管理、資產管理、行銷經營、勞工關係。

工作選擇：

政府高普考、業務銷售、門市管理、貿易船務、專案管理、旅遊休閒、生產管理、工程研發、營建規劃、醫療專業、運輸物流、餐飲專業、軍警消防。

七殺在辰：

命宮地支辰，主星七殺是一個企圖心非常強、欲望極高的人，雖然會擁有很大的財富事業地位，但是道高一尺、魔高一

丈，你必須注意小人傷害的是是非非。

科系選擇：

建築與設計學群：建築、景觀與空間設計、都市計畫、工業設計、商業設計、織品與服裝設計、造型設計。

遊憩與運動學群：觀光事業、餐旅管理、休閒管理、體育、運動管理、體育推廣、運動保健。

工作選擇：

業務銷售、門市管理、貿易船務、專案管理、旅遊休閒、生產管理、營建規劃、運輸物流、餐飲專業、軍警消防。

七殺在戌：

命宮地支戌，主星七殺的人企圖心、欲望與執著心太過強烈，對於家人和出外事物都要兼顧，這點最好要安排自我休息的孤獨空檔，比較能穩定自我情緒。

科系選擇：

建築與設計學群：建築、景觀與空間設計、都市計畫、工業設計、商業設計、織品與服裝設計、造型設計。

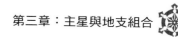

遊憩與運動學群：觀光事業、餐旅管理、休閒管理、體育、運動管理、體育推廣、運動保健。

工作選擇：

業務銷售、門市管理、貿易船務、專案管理、旅遊休閒、生產管理、營建規劃、運輸物流、餐飲專業、軍警消防。

破軍在子：

命宮地支子，主星破軍的人是一個極度聰明、智商很高且能力很強的命格，通常可以從事創意、設計以及未來科技的專業人士。

科系選擇：

工程學群：電機電子、機械工程、土工、化工、材料、科技。

建築與設計學群：建築、景觀與空間設計、都市計畫、工業設計、商業設計、織品與服裝設計、造型設計。

工作選擇：

政府高普考、行政總務、人力資源、經營幕僚、法務

智財、門市管理、行銷廣告、產品企劃、美容美髮、軟體工程、工程研發、化工研發、營建規劃、學術研究、醫療專業。

破軍在午：

　　命宮地支午，主星破軍的人是個典型從事軍警政府機關，地位很高的人，但在個性上屬於霸道霸氣的人，當然也要注意小人的傷害及是非。

科系選擇：

管理學群：企業管理、運輸與物流管理、資產管理、行銷經營、勞工關係。

建築與設計學群：建築、景觀與空間設計、都市計畫、工業設計、商業設計、織品與服裝設計、造型設計。

工作選擇：

　　政府高普考、人力資源、法務智財、門市管理、行銷廣告、貿易船務、專案管理、軟體工程、營建規劃、學術研究、醫療專業、運輸物流、軍警消防。

破軍在辰：

　　命宮地支辰，主星破軍的人是一個很有創意特質的人，可從事設計、藝術等相關領域的工作。但是企圖心很強烈的你，千萬不要成為老闆，以免官司纏身。

科系選擇：

藝術學群：美術、音樂、舞蹈、表演藝術、藝術與設計。

建築與設計學群：建築、景觀與空間設計、都市計畫、工業設計、商業設計、織品與服裝設計、造型設計。

工作選擇：

　　門市管理、行銷廣告、旅遊休閒、美容美髮、藝術設計、貿易船務、專案管理、軟體工程、營建規劃、運輸物流、軍警消防。

破軍在戌：

　　命宮地支戌，主星破軍的人是一個很重情，對親人很負責任的人，最好當一個穩定的上班族，可以邊工作邊照顧到家人，會比較輕鬆。

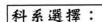

科系選擇：

藝術學群：美術、音樂、舞蹈、表演藝術、藝術與設計。

建築與設計學群：建築、景觀與空間設計、都市計畫、工業設計、商業設計、織品與服裝設計、造型設計。

工作選擇：

政府高普考、人力資源、門市管理、行銷廣告、產品企劃、美容美髮、軟體工程、工程研發、化工研發、營建規劃、學術研究、運輸物流、軍警消防。

破軍在寅：

命宮地支寅，主星破軍的人很喜歡交朋友，比較不分善惡黑白，這點非得要注意小人的傷害，最好出外打拼，跟外地人會比較有緣分。

科系選擇：

外語學群：英語、歐洲語文、日本語文、東方語文、應用語文、英語教育。

遊憩與運動學群：觀光事業、餐旅管理、休閒管理、體育、運動管理、體育推廣、運動保健。

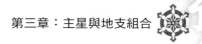

工作選擇：

業務銷售、行銷廣告、旅遊休閒、美容美髮、藝術設計、傳播藝術、傳媒採訪、軟體工程、工程研發、運輸物流、軍警消防。

破軍
軍
△
命宮　申

破軍在申：

命宮地支申，主星破軍的人是一個非常叛逆、反傳統，又具有改革性格的人，帶有革命家的精神。你應該要學會聆聽，了解他人，再進行改善動作，比較會有貴人相助。

科系選擇：

藝術學群：美術、音樂、舞蹈、表演藝術、藝術與設計。
建築與設計學群：建築、景觀與空間設計、都市計畫、工業設計、商業設計、織品與服裝設計、造型設計。

工作選擇：

業務銷售、行銷廣告、旅遊休閒、美容美髮、藝術設計、傳播藝術、傳媒採訪、軟體工程、工程研發、運輸物流、軍警消防。

【第四章】
從吉凶星找到自己的專業

吉凶星就像額外添加的裝飾品，影響命主個性，並提供其他方面的天賦才藝。

吉星：文昌、文曲、天魁、天鉞、左輔、右弼、祿存、天馬。

凶星：擎羊、陀羅、火星、鈴星、地空、地劫。

四化：祿、權、科、忌。

本書第四章提供讀者：

※吉凶星的基本介紹：**個性特質**。

※輔老師依據本身經驗提供心得建議：**輔老師經驗談**。

※提供每顆吉凶星的優勢：**增加的才藝專長**。

相信能幫助讀者們更了解自己的優勢所在。

天文七紫 鉞曲殺微 85-94　乙 【財帛】　巳	 95-104　丙 【子女】　午	 105-114　丁 【夫妻】　未	115-124　戊 【兄弟】　申
天天 梁機 75-84　甲 【疾厄】　辰			文破廉 昌軍貞 5-14　己 【命】　酉
火天天 星魁相 65-74　癸 【遷移】　卯			天陀 空羅 15-24　庚 【父母】　戌
右巨太 弼門陽 55-64　壬 【僕役】　寅	貪武 狼曲 45-54　癸 【官祿】　丑	地擎左太天 劫羊輔陰同 35-44　壬 【田宅】　子	鈴祿天 星存府 25-34　辛 【福德/身】　亥

文昌

命宮

範例命盤

如上圖範例中，命宮有「文昌」，代表該命主個性中帶有文昌的特質。

請讀者尋找自己命盤中「命宮」的位置，並找到吉凶星，對照書中解釋，必然能更進一步認識自己，並掌握自己的天賦才藝。

輔星之吉星

文 昌

```
┌─────────┐
│  文     │
│  昌     │
│  命宮   │
└─────────┘
```

個性特質：

很有智慧，條理清晰，說話較直言些，是一個光明磊落並帶權威感的人，工作能力很強，思想很有創意，專業能力特強，在其專長上通常是一個佼佼者。

輔老師經驗談：

文昌可增加工作上地位職位的權勢，可跟創意、設計、發明，甚至於改變法律的規則這類，具有這方面的長才。

比較需要注意的是人際關係，因為說話較直接，會直接切中要害，通常傷到人但自己都不太知道，所以一般人會比較害怕跟你相處，而有些許距離感產生。

看到命宮有文昌的人，在於正統的國英數、文學家、作家、教授、校長、軍警公教政府機關、大企業中這些方面的佼佼者。

紫微斗數算你好工作

增加的才藝專長：

條理邏輯、創意發明、專業能力。

文曲

> 文曲
> 命宮

個性特質：

非常重情的人，很孝順，很重親情、友情和愛情，在工作的能力上，口才非常好，人際關係協調力很強，通常會有非常多的好朋友和貴人相助，而長輩長官也會疼愛和提拔，所以非常適合大眾性質的服務業，包含公關、媒體、傳播、活動這方面，具有這方面的天分。

輔老師經驗談：

依照我的經驗，命宮有文曲可以口得財、得官，見過文曲的人擔任老師、顧問師、企業講師、行銷業務、歌星、表演藝術、琴棋書畫、運動家、教練……等等，而在軍公教和大企業來說，也可以成為一個所謂的發言人，甚至於產品的代言人，而且通常男生俊俏、女生可愛，喜歡穿插在人群中，為典型的社交達人。

增加的才藝專長：

口語表達、媒體藝術、感情創作。

天魁

天
魁
命宮

個性特質：

在家裡一般是老大型，如果你不是長官上司也很容易有老大的樣子，很多事情都要經過你的同意之後，才有決議，是一個十足的領導者，在外工作的時候，充滿了霸氣，不過其實是屬於面惡心善型，如同「刀子嘴豆腐心」，別人出事你會立刻出現給予援助，這就是你。

於工作的表現，非常聰明且積極，所以一般來講職位地位容易高於一般人。

輔老師經驗談：

不管在軍警公教機關、大企業，通常是中高階主管格局，在各行各業，我都有看到天魁的影子，十足的文武全才，也具有創業心，具商人、老闆的格局，名揚四海是你一生的寫照。

講義氣、負責任是你的辛苦，而你的霸道和權威感，

要非常注意人際關係，所以姿態再低調三分，人生會更如意。

領導能力、責任感。

天鉞

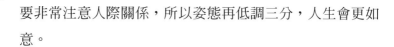

個性特質：

在家是一個非常孝順，也會保護家人的人，你的配合度極高，而你的眞誠、服從性、協調能力很強，一般來說，是可以獨立完成任何任務的人，更可以協助你的長輩長官，成爲一個副手，是個幕僚型的人才。

本身貴氣十足，除了可以協助上司以外，也很容易受到他人的愛戴。

輔老師經驗談：

常常是長輩長官後面最信任的軍師、副手、幕僚長，這類文武全才的人。

比較要注意的是，個性上不適合作老闆，比較適合旁

邊輔佐協助的角色，最好找到最棒的主管並跟隨，你的一生就會圓滿如意，多看書、做專業技能方面的研究，更能促使你變成一個專業領導者，而增加你的地位。

增加的才藝專長：

協調能力、輔佐能力、配合度。

左輔

左輔 命宮

個性特質：

是家人的支柱，不管是實質性金錢支柱，或是精神上的支柱，家人擁有了你會更幸福快樂，你很孝順父母，也會幫助兄弟姊妹，輔助老公老婆，也善於教育子女，出外的工作行事風格會得到長輩長官的提拔，也可以得到下屬晚輩的簇擁，風流大方的你，朋友非常多，文武全才的你，也增加了你的職位跟地位的提升能力。

輔老師經驗談：

在軍警公教機關、大企業、私人企業等等，具有領導者的特質，同時也是一個協調力非常強的人，適合從事公關、媒體、傳播、經濟、仲介商等等的工作。

比較要注意的是常疲於奔命在社交生活，這一點應多規劃些自我的時間，增加閱讀的空檔，必然更能提升你的實力。

增加的才藝專長：

協調能力、輔佐能力、人脈。

右弼

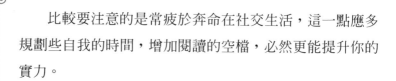

右弼
命宮

個性特質：

家人都是你的貴人，不管父母親、兄弟姊妹、夫妻、子女，一般來說感情都會很好，你會守護著家，也是很重情義的人，在工作上的行事風格，是一個很棒的副手，為幕僚型的人才，因為你的服從性，以及貼心細心，也很容易得到長輩長官的提拔和同事下屬的愛戴。

感情豐沛的你很擅長文字書寫、藝術創作，作品風格帶點浪漫的特質。

輔老師經驗談：

在軍公教政府機關、大企業，是一個專司公文操擬、命令發布、海報畫作、宣傳媒體、行銷企劃，在這些方面

非常強，通常很容易成爲長輩長官貼身的幕僚人才，很適合做秘書、特助，也很適合專業的作家、老師，這類用筆來執行的工作。

增加的才藝專長：

文書寫作、宣傳企劃、輔佐能力。

祿存

祿
存
命宮

個性特質：

個性說話很直接，行事光明磊落，分析跟判斷事情很清楚細膩，具有潔身自愛的特質，是一個很善良且有能力的人，通常文武全才，能內能外，出外貴人運特別旺盛。

輔老師經驗談：

依照老師我的經驗，祿存的人在軍公教政府機關單位，都有傑出的表現，他們會努力工作，希望得到很高的地位，老師也見過在數字相關行業，舉例銀行、保險、股票……等等，是個相當有數字概念的經理人；也有從事房地產、土地代書……這類資產相關的負責人；也有是宗教、命理、心理學哲學相關偏門藝術類型的老師。

祿存的人會非常努力工作，所以有時候會忽略了感情生活，應該要更注重與家人、伴侶的關係，一旦有了親情的支持，在工作上會有更傑出的表現。

增加的才藝專長：

數字計算、五術玄學、清白耿直。

天馬

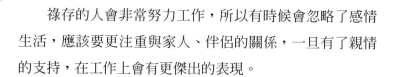

天馬
命宮

個性特質：

個性好動樂觀且積極，缺點是直腸子且急躁的個性，很喜歡往外跑，時常坐不住而有奔波勞碌之感。

本身才華洋溢、文武全才、能靜能動，有一點靜如處子，動如脫兔之感，但通常以動為主。

輔老師經驗談：

老師見過天馬的人，時常是軍、警、運動員這類急公好義且競爭性強的工作，也有從事交通、物流、貿易……等等的主管級領導者，舉凡陸海空駕駛員、物流運輸、空少空姐、國際性業務員。

另外值得一提的是，有些具有特異功能、特異才華的技藝和作者，像是很特別的畫家、書法家，甚至於魔術師，這類另類的才藝，也很常是天馬在命宮的人。

天馬應該要改善的是，多回家與家人相處，或許更可以尋找到更新的點子，以及給你真正愛的力量，在你工作上的能量，更能達到充電的效果。

增加的才藝專長：

特殊才華、樂觀進取、積極好動

輔星之凶星

擎羊

擎
羊
命宮

個性特質：

擎羊是一顆競爭星，個性上很有競爭力，只要有代價，他總是衝勁十足，不管在文武都會有相當的地位，在工作上面的積極度、企圖心、欲望，甚至於到求完美，會使得工作上成就超越一般人，但就是因為這樣的行事作風，很容易破壞了管理規則，這點來說反而比較適合要做創意、改革、創新……等等的個人工作室。

輔老師經驗談：

依照老師的經驗，見過軍警運動員，還有地方上的老大，這類較兇悍的工作，也見過超級業務員、直銷員、極具魅力的藝人、表演藝術者。

擎羊雖具有爆發性，但是也有失敗的本質，這都來自於不服輸、不甘心和不滿足，所以通常老師都勸擎羊的人，要懂得退讓，不可一直高調，人不是機器人，要休息，千萬要注意自己的身體以及口舌是非。

基本上注意人際關係，必能增加貴人，幫助運勢，而你的事業或工作上的地位，必可再創高峰。

增加的才藝專長：

競爭力、爆發能力、企圖心。

陀羅

> 陀羅
> 命宮

個性特質：

典型是鑽牛角尖，很執著且放不開的人，所以依這個特質於正面來講，非常適合做專業鑽研、研究研發、創意點子、企劃研擬、編劇編輯……等等有創造力的文職。

　　相對地以反面來講，假設你堅持在一個是非較多的環境或行業，那就很容易會產生太多的變化，而你會失去能力，舉例像八大行業酒色場所、生意買賣、股票、期貨，這個時候的執著反而會產生太多的官司是非。

輔老師經驗談：

　　依照老師的經驗，老師見過軍警運動員，以及出版、作家、編輯……等等需要鑽研、創意的輔助型行業。

　　其他像需要反覆訓練的運動員，例如體操、跳水、射箭、投手，陀羅的人能埋頭苦幹訓練自我，而在科技公司、國科會、工研院也看得到很多專業研發員。

　　簡而言之，執著的鑽研和創意改革，是你的強項，但假設你執著於行走法律邊緣的負面行業，你會容易遭致小人官司的傷害，需要特別的注意。

增加的才藝專長：

　　企劃研擬、鑽研能力、毅力。

火星

個性特質：

　　是一個非常樂觀、積極進取且拼命努力的人格特質，通常具有領導統御的能力，典型的大哥大、大姐頭，很講義氣且帶霸氣，也很重面子和地位。在工作上的熱忱，超越一般人，但是耐力不足的缺點也非常明顯，所以在工作上面，最好要往領導、組織管理的層面去做，比較容易保持你的耐力。

輔老師經驗談：

　　依照老師的經驗，有見過軍官、警官、運動員、村里長……等等這類急公好義的工作，也見過船長、機師、遊覽車司機、公關業、媒體人員、活動展覽人員這類熱鬧且可領導的行業。

　　總而言之，火星容易功名在外，名揚四海，但是急躁的脾氣以及耐力的不足，這點非得改善，否則小人是非、口角官司、橫發橫破，會影響到你的工作事業。

　　意思就是說，少一點脾氣，就會多一點貴人，事業更

紫微斗數算你好工作

能順遂成功。

增加的才藝專長：

爆發力、領導能力、積極好動。

鈴星

```
鈴
星
命宮
```

個性特質：

典型口才非常好的溝通者，通常可以口得財，以口得官，在工作上以需要口才的行業爲佳，舉凡像老師、顧問師、演講家、辯論家、評論家、影評專家、歌星、電台主持人、各單位發言人，大致上皆屬於上述這類行業。

亦適合鑽研及具有反覆性的工作，通常在宗教命理、心理學哲學、研究研發、作家，會有一番成就，也可以是一個話很多愛講話的運動員。

輔老師經驗談：

依照老師的經驗，見過軍警法醫……等等的幕僚、行政，甚至到發言人。在偏門藝術方面，舉凡像琴棋書畫、唱歌跳舞、宗教命理、心理哲學這類可以從事老師、教練的工作。

但是基本上鈴星有一個較大的缺點，只要話匣子一開，就會停止不了，猶如魔音穿腦一般，會使得貴人避而遠之，這點非得要收斂三分，在工作上才會更加的順利。

PS：擎羊、陀羅、火星、鈴星皆可在軍警法醫運動員，這類較易受傷或持刀的行業發揮專長。

增加的才藝專長：

口語表達、鑽研能力、偏門藝術。

地空

個性特質：

```
地
空
命宮
```

是一個天馬行空，想得非常多的夢想家，很有創意和點子。依照上述這幾點來講，地空的人很適合從事關於創意設計、發明創新……等各行業的設計師。

舉凡髮型設計、美容設計、服裝設計、建築設計、裝潢設計、軟體動畫這類的設計師，都相當具有天份。

但想太多的結果，會帶有一些憂鬱且負面的特質，而思考邏輯會不同於一般人，也會帶點夢幻、不切實際的思考邏輯。這樣的特質若從事商業領域裡關於數字、經濟的

工作，令專家跌破眼鏡的第一個人就是你，必須要小心注意，避免從商。

輔老師經驗談：

老師見過在宗教命理、心理哲學、醫院學校、慈善機構等等的老師、醫生、護理師、藥劑師，非常成功。

而老師也見過非常聰明的商場經營者、負責人，但是最後都弄得一切成空。地空坐命的你，只要不碰商、股票、期貨這些千變萬化的數字經濟，必然能有所成就。

增加的才藝專長：

設計能力、創造力、五術玄學。

地劫

地劫
命宮

個性特質：

你肯定是一個搶錢一族，非常具有生意頭腦，也有發明創新、行銷企劃的能力；但是個性高傲、急躁的你，雖然不斷地努力拼命，賺取很大的財富，但是人終究鬥不過天，一不小心，經濟崩盤，企圖心過大的你容易承受失敗的風險。

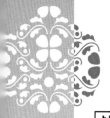

輔老師經驗談：

依照老師的經驗，老師見過地劫在命宮的人，是一個非常棒的宰相、幕僚、副手，很能協助且彌補長輩長官的不足之處，這點不管在武職的行業還是文職的行業，你皆可生存，且具有相當的地位。

我見過地劫坐命的人常擁有個人的創意工作室，且在宗教命理、心理哲學、偏門藝術、表演藝術等等，有非常頂尖的成就。

個性聰明有智慧的你，非得改善你的急躁、企圖欲望和不滿足，否則容易招致小人是非傷害。

退一步海闊天空，偶爾放鬆一點事情會更順遂，好好睡一覺，你必定能有更理智的決定，成功就不遠了。

增加的才藝專長：

設計能力、創造力、五術玄學。

四化星

四化星有別於前面所見的一般吉凶星，它是依附著主星而出現，而對該主星產生修飾的影響，四化星分別為祿、權、科、忌。

PS：下面範例中的主星僅提供讀者做參考，每一個人都有屬於自己的主星，任何主星化祿、化權、化科、化忌皆有文中所提供的特質和能力。

祿

個性特質：

命宮有化祿的人，多了一份忍辱負重的特質，個性很務實踏實，是一個非常穩健的人，和氣生財是你的座右銘。這點來講對於在任何行業，你都會有貴人的相助、升官加薪的好運。任何老闆只要僱用你，通常具有穩定軍心的功效，也會為公司帶來很棒的財運。

輔老師經驗談：

依照老師的經驗，化祿會穩定「動」的主星，舉凡破軍、貪狼、廉貞、太陽、巨門……等等，會成為比較理智、穩定的命運，這個時候文武全才、能內能外的運途盡顯，是一個非常順利的星象。

但是有個小小的建議，你還是有固執的一面，格局再放大，定然大順利。

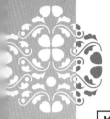
增加的才藝專長：

抗壓能力、成熟表現、進財能力。

權

個性特質：

命宮化權之人，典型是一個帶義氣、霸氣，有領導統御能力的掌權之人，常會是各個單位的領導者。你的企圖心很強，欲望很高，具有人、事、地、物的控制能力，這個時候不管在文職或武職，均可有所作為，不斷成長學習的你，通常都能夠再造高峰。

輔老師經驗談：

依照老師的經驗，命宮化權之人，可以放大主星領導統御的能力，增強主星柔弱的部分，達到加分的功效。

例如天機、太陰、天同、天梁 .. 等星，若化權都可以在它們具天分的行業裡，成為一個師字輩，名揚四海之人。

簡而言之，就會變成一個真槍實彈文武全才的才子才女，也會在其專業領域裡，創造一片天。

但是我還是給化權一個小小的建議，霸道的你要改善三分，以增加更多的貴人以及人才，可以幫助自己的運勢。

增加的才藝專長：

領導能力、義氣、成熟表現。

科

```
        ┌──────┐
        │  紫  │
        │  微  │
        │  科  │
        │  命宮 │
        └──────┘
```

個性特質：

命宮有化科的人，是一個典型很溫和斯文、柔順聽話、理智保守的乖小孩，以這點來說，不管在家、學校或公司，都很容易得到長輩、長官、同事的愛護，所以工作事業上非常順遂。

在你的專業領域裡面，會非常的細膩，典型就是一個專業信仰者，這點非常有利於你的專業度，我會叫你是專家，通常無人能超越你。

你是對文學藝術、宗教命理、心理哲學，極具有慧根的人，文筆好的你，可以成為一個大文官、大文豪，當然更是一個很棒的專業老師。

輔老師經驗談：

老師見過化科，碰到了武曲、天機、太陰、天梁等的主星，除了非常的專業之外，也很得長輩長官的拔擢跟提攜，在工作上面的貴人運，特別的旺盛。

但是化科的你，終究帶點保守、沒主見和搖擺的小缺點，建議你必須學習向下傳承，作一個最專業的大師顧問，這樣你的名氣以及地位，必然更加順遂。

增加的才藝專長：

專業技能、心思細膩、文書寫作。

忌

天機
忌
命宮

個性特質：

命宮化忌的你，個性陰陽怪氣，時而躁時而鬱，時而樂觀時而悲觀，時而積極時而逃避，時而執著時而退縮。這點來講，在古書就會說你「進退無據」，是非不分、貴人不識，這點在你的工作成就上，是一個非常大的阻礙。多學習停看聽，多接受別人的建議及意見，參考學習他人，必然可以更增加你的工作運勢。

輔老師經驗談：

假設化忌碰到武曲、廉貞、天機、太陰、天同、太陽、巨門、貪狼以上的主星，通常在口角是非上面會有特別多的現象，這點鐵定會傷害你事業上的持續力，但是相對地也可以增加上面星象的鑽研能力，研究執著精神是你的強項。所以強烈建議你跟自己競爭，你花了十分努力的功夫鑽研，也必得十分，所以辛苦的你，持續努力加油！

老師通常會勸你要更用心執行和鑽研，要有毅力耐心在你有興趣的工作上面，你一定要有自信，自己會的，要更用心學習它，必然可有大成就。

增加的才藝專長：

鑽研能力、毅力耐心。

學院諮詢與服務

讀者如有書中問題或命理諮詢的需求，歡迎與我們聯絡。

輔老師為推廣紫微斗數，常態性開設紫微斗數課程，如有興趣的讀者或各單位團體演講、座談會可來電或 e-mail 洽詢。

服務項目：
紫微斗數課程教學、專業師資培訓
紫微斗數企業成長營：講座及課程
弱勢團體或貧戶　課程免費
紫微斗數全運、流年運勢詳論

相關資訊請上紫微師範學院網站或部落格查詢：
官方網站：

http://www.ziweischool.com.tw

Facebook 粉絲團：

https://www.facebook.com/ziweischool

命理諮詢預約電話：(02)2382-5328

E-mail ：service@ziweishool.com.tw

國家圖書館出版品預行編目資料

紫微斗數算你好工作：科系、就業、職場通通
選對！／輔德陸作 . -- 初版 . -- 新北市：
智林文化，2014.07
　冊：　　公分 --（新生活視野；27）

ISBN 978-986-7792-65-5（平裝）

1. 紫微斗數

293.11　　　　　　　　　　　103009145

新生活視野 27

紫微斗數算你好工作：科系、就業、職場通通選對！

作者／輔德陸

編輯／黃懿慧

校對／萬書璇

封面設計／果實文化設計工作室

排版／振基興業股份有限公司

出版者／智林文化

地址／新北市中和區中山路 2 段 530 號 6 樓之 1

電話／(02) 2222-7270

傳眞／(02) 2222-1270

網站／www.guidebook.com.tw

E- mail ／ notime.chung@msa.hinet.net

Facebook ／ www.facebook.com/bigtreebook

劃 撥／戶名：大樹林出版社 · 帳號：18746459

總 經 銷／旭昇圖書有限公司

地址／新北市中和區中山路二段 352 號 2 樓

電話／(02)2245-1480 · 傳眞／(02)2245-1479

初版一刷／2014 年 07 月

定價／250 元

ISBN ／ 978-986-7792-65-5